23人の校長が贈る94のメッセージ

校長講話12カ月

小学校
中学校

学校講話・メッセージ研究会 編

教育開発研究所

本書は正確な記述に努めておりますが、記載されている挿話・逸話の一部には、執筆者の記憶や伝聞をもとにした内容や、複数の学説が存在する内容が含まれており、学術的な正確性を保証するものではありません。

本書に関するお問い合わせは、すべて編集部までご連絡ください。

校長講話12カ月◇もくじ

小学校

中学校

校長講話12カ月　94文例

4月①

今年は、Fail fast, fail often.で行こう!

皆さん、おはようございます。いよいよ新しい年のスタートですね。
では、校長先生から今年初めのあいさつです。
「進級おめでとうございます。」
ほんの少しの間会わなかっただけなのに、一人一人がとっても大きくなったように感じます。
こうして皆さんの前に立つと、校長先生も皆さんと一緒で、新しい出会いにワクワクする気持ちと、ドキドキする気持ちでいっぱいです。もちろん、ここにいる先生たちも同じ気持ちでいっぱいですよ。〈周囲にいる教職員に大きくうなずいてほしいです〉
では、校長先生から宣言します。〈胸を張って、子どもたちの顔をじっくりと見つめて〉
新しいスタートに向けて、今年も「好きなことをする」「人のためにする」「楽しんでする」があふれる○○小学校を目指します。〈年頭なので、学校教育目標か目指す子ども像か、今年特にがんばってほしい姿をアピールしたいです〉
さて、皆さんお待ちかねの今年の○○小学校の合言葉は、英語でチャレンジしたいと思います。〈ドラムロールがほしいです。♪ジャカジャカジャカジャカ、ダン!〉

テーマ
児童とともに「はじめの第一歩」をすすめる

ねらい
年度はじめにあたり、この一年で大切にしたいことを合言葉にして児童と共有したい。

アイデア・ポイント
・児童に向けて、ピンとくるよう工夫して話をするが、実は教員の固定観念を覆すための講話。教員が変わらないと授業も学校も変わらない。

では、発表します！

今年の合言葉は"Fail fast, fail often."です。日本語にすると、「早く失敗しよう、たくさん失敗しよう」です。「えっ、校長先生、なんで失敗なん？」と思うかもしれませんね。そうですよね、授業中、間違えないように一生懸命考えたり、話し合ったりしているのですから、当たり前ですよね。

でも、今年の〇〇小学校はちょっと違います！　〇〇小学校は、先生たちの考えた「正しい答え」を教えるところではありません。答えを考える主役は皆さんです。答えを探す主役も皆さんです。そして、答えを見つける主役も皆さんです。だからこそ、授業中は、たくさん悩んでほしいのです。困ってほしいのです。たくさん話し合ってほしいのです。たくさん試行錯誤を繰り返していくことに価値があるのです。うーん…、ちょっと難しかったですね。

そうです。たくさんチャレンジして、たくさん失敗をして、そうする中で、一人一人が一生懸命に考えて、みんなで考え合うことを大切にしていきたいのです。〇〇小学校らしく、できるだけ早く失敗し、できるだけたくさん失敗し、その「失敗」、いや、友だちと力を合わせて「チャレンジ」する中から自分の答えを見つけることができる〇〇小学校をつくっていきましょうね。

今年の〇〇小学校、ちょっとではなく、むっちゃ違いますよ。

〈笑顔で強調して締めくくりたいです〉

参考

・左図は本校で作成したロゴマーク。「知・好・楽」がスパイラルに高まっていくイメージ。

・『論語』の「子曰知之者不如好之者　好之者不如樂之者」を参考にしている。

4月②

わからないから、おもしろい！

皆さん、おはようございます。

新しい学年、新しいクラス、新しい教室、新しい机と椅子、そして、新しい先生と友だちはどうですか。登校したときに下駄箱を間違えたり、前の教室に行ってしまったりした人はいませんか。どれも、失敗ではなくて、新しい学年になった証拠です。今しかできない体験なので、楽しんでくださいね。

新しい学年になって、1年生の人は小学生になって、授業はどうですか？　難しくなったかな…、面白くなったかなあ…。思ったことや感じたことを担任の先生に伝えることも、担任の先生となかよくなるスタートになります。

さて、校長先生からは、毎日の学校生活について、こんな学び方をしてほしいなあということを、〇〇小学校の「学びのデザイン」にまとめたので、お話をします。

〈下のフリップを見せる〉

「わからないから　かんがえる　しっぱいするから　おもしろい　こまったときほど　かおをあげ　はなしあうから　たのしいんだ」

またまた「校長先生、それ何なん？」になりそうなので、説明をしますね。

〇〇小学校では、「わからない」は、マイナスではありません。わからないから考え

テーマ

学び方を共有する

ねらい

「わからない」ことを肯定的にとらえることで、授業を楽しむ素地を整える。

＊本校の学びのデザイン

わからないから　かんがえる
しっぱいするから　おもしろい
こまったときほど　かおをあげ
はなしあうから　たのしいんだ
いわきた　い

ることができるのだと思います。わからないからこそ、「よしっ、考えよう！」と、学びのスタートをきることができるのだと思います。

「わからない」をたくさん集めて、「考えてみたい」ことに変えていく「学ぶからだ」づくりが、新しい学年の学びの第一歩になると思います。「わからない」をたくさん集めるのですよ。

そして、「学び」の中で、「正解じゃないとだめだ」と思わずに、「失敗するからおもしろい」と思うことで、失敗は失敗に終わらず、価値のある「チャレンジ」に変わるのです。正解だけに意味があるのではなく、思うこと、考えること、行動すること、探究することが大切であり、それを続ける姿が○○小学校の「学び方」になってほしいと思っています。

だからこそです。「困ったときほど顔をあげ」て、意気揚々と学びに向かい、クラスの仲間とともに、「話し合うから楽しいんだ」につなげてほしいと思います。

○○小学校の授業のスタートは「わからない」ことを「考えてみよう」とする「学び場」を一人一人が楽しむことです。

それでは、今日から、一人一人が「わからない」をたくさん集めている姿を見に行きますね。

「わからないから　かんがえる　しっぱいするから　おもしろい　こまったときほどかおをあげ　はなしあうから　たのしいんだ」です。

アイデア・ポイント

・前回の講話を児童向けの内容に置き換えて、「校長先生が見に行くよ」と伝えることでワクワク度をアップする。

4月③ 7＋4＝9

校長先生が、1年生の担任だった頃のお話です。

〈「7＋4＝9」のフリップを出す〉

そう、「7＋4＝」という問題を出したときに、元気よく「9です」って答えた子がいたのです。「9」と聞いて、あれっ？　と思った人も多いと思います。もし、ここが教室なら、「ちがいます。答えは11です」となりそうな場面です。

このとき、校長先生はとっても気になったので、「なぜ9なの？」と聞いてみました。

その子に「9」になった理由を詳しく聞くと、計算ミスではありませんでした。ひょっとしたら1年生の人や算数が苦手だなと思っている人にとっては「あるある」で、計算が得意な人にとっては意味がわからないかもしれませんね。

その子は、とっても丁寧に指折り数えたのに、答えが「9」になったのですね。

なぜなのでしょう？

〈少し時間をとって子どもたちが口々に言うのを聞く〉

ヒントは、「指折り数える」です。その子は計算が少し苦手だったので、まず「7」をつくりました。こうして、両手のパーから右手のパーを「1・2・3・4・5」と指

テーマ
誤答はクラスの宝物

ねらい
誤答を否定するのではなく、「なぜ」を共有することで、学ぶことの楽しさを感じる。

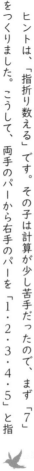

を折るとグーになりました。次に、左手のパーを「6・7」と指を折ると「7」のできあがりです。いつもこの方法でしていたのですね。そして、続けて、左手に「4」を足すので、「1・2・3」と続けて指折りをします。どうです？　両手グーが完成しますね。これで「10」になったのですが、続けて「4」と言いながら左手の小指を広げたようです。

どうでしょう？　この形は指折りの「9」に見えてきますね。この方法で計算すると、いつまで経っても「9」にしかなりません。算数って不思議ですね（笑）。

だから、この指折り計算の方法を教えてもらった皆さんは、算数の授業では、「指折り」だけではなく、数図ブロックのほうがいいのだと学ぶことができるのです。数図ブロックでは、どうやっても「9」にはなりませんからね。

授業は、「正しい答え」だけを大切にするところではなく、たくさんの失敗を繰り返すことのできる場所です。何度もチャレンジできる〇〇小学校の教室で学びたいですね。

アイデア・ポイント

・具体的な誤答を児童と一緒に紐解くことで、「あっ、そうなんだ」の共通体験をする。

4月④

「Try Everything.」「せやねん　やってみるねん」

テーマ
何気ない一言から勇気をもらう

ねらい
「やってみる」ことについて、肯定的な後押しを、何気ない一言からもらうことができるようにする。

始業式のときに、〇〇小学校のずっと大切にしてきた合言葉「好きなことをする」「人のためにする」「楽しんでする」のお話をしましたね。そして、今年の合言葉は、「Try Everything.」「せやねん　やってみるねん」ですよとお話をしたと思います。ウサギさんとキツネさんが自撮りしたポスター〈校長作成のポスター〉を見てもらったので、覚えていると思います。

でも、「Try Everything.」はわかるけど、「せやねん　やってみるねん」って、「なんやねん」と思ったかもしれません。

今日は、「せやねん」のお話をしたいと思います。

「Try Everything.」なので、日本語にすると「やってみる」になります。〇〇小学校らしい言葉にしたかったので、「やってみるねん」にしてみました。でも、なぜ、「せやねん」がつくのか気になると思います。「せやねん」をつけたほうが、リズム感があっていいというのもあります。「語呂がいい」という言い方をします。「ねん」が重なるので、「韻を踏む」という言い方もします。

なので、聞きやすく覚えやすいのですが、本当の意味は、皆さん一人一人が、自分が

「やってみるねん」と決める時に、「せやねん」って、体の中から湧き上がる言葉だと思うのです。

昔、京都旅行のキャッチコピーに、「そうだ 京都、行こう。」というものがありました。今は、「そうだ 京都は、今だ。」というシリーズも出ています。どちらも「そうだ」がついているように、何かを始めるときは「そうだ」という言葉が自然に湧き出てくるものなのです。なので、皆さんも、自分でやってみたいことが決まったときに、きっと「せやねん」とつぶやくだろうなと思い、入れてみました。

また、もう一つの理由は、実は、先生たちの理由なのです。先生たちが、皆さんから、これを「やってみたい」と相談されたら、「せやねん」と頷いて、それができるように後押しすると思うのです。その時に、自然に湧き出てくる言葉でもあるとも思うからです。

勇気の出る言葉はいろいろありますが、今年は、「やりたいこと」に挑戦する時に、弾みになる一言「せやねん」を入れてみました。

とにかく、今年は、「せやねん やってみるねん」でいきましょうね。

アイデア・ポイント

・教員や児童が普段何気なく使う言葉を取り上げて、それが「肯定的な」メッセージになっていることに気づく。

参考

・ＪＲ東海「そうだ 京都、行こう。」公式ＨＰ

4月①　史上最低の通信票

4月となり、新しい学年が始まったばかりのきみたちのために、特別に通信票をつくったので、さっそく披露します。まず、学習面の成績。国語「0」、社会「0」、数学「0」……!?　すべての教科の評定が「0」と書かれています。「1」すら見当たりません。〝オール0〟です。さらに生活面に至っては、行動の記録の項目すべてに「努力しよう」と記されているのです。はて、こんなひどい通信票があるのでしょうか。まさに史上最低の通信票といえるものです。しかも、これは他人事ではない、きみたち全員が受け取るべきものなのです。

ただ、驚いてはいけません。これは4月の、今のきみたちの状況を記したものに過ぎないからです。そう、学校は毎年4月に進学や進級という方法ですべてをリセットするのです。前年度〝オール5〟だった生徒でも、今の段階では「0」となるということなのです。このように、すべての生徒は一度「0」というスタートラインに立つのです。だから、こんな通信票となるのです。

最低の通信票なのだから、これ以上下がることはありません。と言うことは、あるのは進歩だけです。例えばこの学期末に「1」が付いたとしましょう。しかし悲観してはいけません。なぜなら、「0」だったものを「1」にしたのですから。ささやかですが、

テーマ

新しい学校生活に向けて

ねらい

①毎年4月に学校が新しい年度を迎えることの意義を知り、新たな自分をつくり出すチャンスを迎えていることを伝える。

②生徒が過去に囚われず、だれもが希望を持って新しい学校生活を送ることができるよう励ましを贈る。

アイデア・ポイント

①多くの場合、学期末や学年末などに発行されている通信票を、まだ授業が始まっていない段階での評価を「0」とすること

貴重なきみの成長を示しているのです。

4月を迎えて、先生方もおおいに心を躍らせています。先生方はこれまで、こういう機会をチャンスに生かし、大きく飛躍する生徒をたくさん見てきているからです。また、先生方は毎年4月に新しく真っさらな名簿を準備します。それは、きみたちのこれからの頑張りをたくさん書き込んでいくためなのです。

最後に所見欄を見てみましょう。そこにはこう書かれています。

「チャンスは、求める人にだけ見えるものです。希望に満ちあふれたあなたの表情に新しい生活への意欲が感じられます。あなたは、「0」から新たに何を生み出し、何を創り出していくのでしょうか。これからの活躍が楽しみでたまりません。」と。

この言葉を今、すべてのきみたちに贈ります。

で、これから始まる新年度への無限な可能性を伝えたい。

②どんな生徒でも、幸せな未来を願っている。先生方も、人として同じ思いをもっている。年度の始まりの4月に、校長としてこの講話を通して、そんな生徒や先生方へ向けてリスペクトの気持ちを込め、目指す学校経営のよりよいスタートにしたい。

③本物の通信票にそっくりなレプリカを作成し、講話時に用いながら示したり、印刷をして実際に生徒に配付したりするなどして、より臨場感のある演出を工夫したい。

4月②

夢の実現のために必要なこと

〈石川遼さん・本田圭佑さん・イチローさんの3名の写真を示して〉

この人、誰か知っていますか？　この3名の選手に共通することって何だろう。

はい、著名なプロスポーツ選手ですね。他にも多くの著名な選手がいますが、この3名に共通することは、少年時代の作文（卒業文集）に自身の「将来の夢」を具体的に書き込んでいて、それをほぼ実現できている世界的なプロスポーツ選手なんです。

〈石川遼選手・本田圭佑選手・イチロー選手の作文をそれぞれ示す〉

じゃあ、最後にこの人は誰？

はい、そうですね。米国メジャーリーガー、ロサンゼルス・エンゼルスの大谷翔平選手です。彼はこれまで見てきた3名とは少し異なっていて、こんなことを高校時代に始めていたんです。花巻東高校野球部の佐々木洋監督の教えでつくられた目標達成シート（マンダラチャート）というものです。

〈大谷翔平選手のマンダラチャートを示す〉

9×9＝81に区切られたマスの中に、それぞれ目標が書き込まれています。まず真ん中のマスに「ドラ1　8球団」とあります。これは、最上位の目標としての「ドラフト1位で8球団から指名されること」を意味しています。そして、その実現のために、シ

テーマ

自分自身に関すること

ねらい

新年度がスタートする時期に、自分の夢の実現のために「具体的な目標」を設定し達成のために何が必要か考え、それを克服する努力を地道に継続することを奨励したい。

アイデア・ポイント

・プロスポーツ選手の幼少期の作文等の写真を提示し、彼らの目標設定とその具現化のための具体的な施策を捉えることで、興味・関心と意欲の喚起をねらった。

ート中心の周囲3×3のマスに達成するための要素（項目）を設定します。「体づくり」「コントロール」「キレ」「メンタル」「スピード160km/h」「人間性」「運」「変化球」の8項目の目標が書き込まれています。

そして、シート外側の各3×3のマスに、8つの要素を達成するために求められる具体的な項目が設定されています。この作業を行うと、夢を叶えるための必要なアクションが明確になり、あとは具体的な64項目のアクションを実行していく流れになります。

大谷翔平選手は、これを高校1年生の頃に作成し、夢の実現に向けての方策を具体的に設定し、一つ一つの項目の実行に向けての努力を着実に続け、遂には目標の実現を成し遂げたのです。体力や技術、能力の他に、驚くべき詳細な目標分析とその実行に至る意志の強さがあったのだということです。大谷選手が使用したこの目標設定シート（マンダラチャート）は、ビジネスの世界でも注目されており、目標設定だけでなく、問題解決・事業計画・商品開発・発想整理など、その用途は多岐にわたると言われています。

新年度がスタートした今こそ意識したいこととして、自分の夢の実現のために「具体的な目標」を設定し、達成のために何が必要か考え、それを克服する努力を地道に継続することが大事です。皆さんも目標設定シート（マンダラチャート）を作成してみてはいかがでしょう。

参考

・井上兼行著『プロゴルファー 石川遼 夢をかなえる道 急がば回るな』学研、2009年
・佐藤健著『イチロー物語』毎日新聞社、1995年
・本田圭佑さんの「将来の夢」（小学校卒業文集より）は、イタリアの「ガゼッタ・デロ・スポルト」紙（2014年1月10日）に掲載され、イタリアでも注目された。
・「大谷 花巻東流〝夢実現シート〟高1冬は『ドラ1 8球団』」スポーツニッポン、2013年2月2日

4月③ 失敗について

今日は、「失敗」について話します。

皆さんの誰もが失敗をした経験があるのではないでしょうか。また、失敗したことを隠そうとしたこともあるでしょう。失敗したら、それを責められますよね。誰だって、親や先生、先輩などに叱られることは嫌ですから、隠そうとするわけです。

しかしながら、その反面で「失敗を恐れるな。思い切ってチャレンジせよ！」という言葉をかけられた経験はないでしょうか。

例えば、自動車メーカー「ＨＯＮＤＡ」本田技研工業の創業者として著名な本田宗一郎氏は、「成功とは99％の失敗に支えられた1％である」と語ったとのことです。

では、国外では「失敗」の奨励に関してどんな意見が見られるのでしょう。

世界的なＩＴ企業Googleの社中にある商品開発のための研究所「X（GoogleX）」の総括責任者、Astro Teller（アストロ・テラー）という人物に注目してみましょう。

完全自動運転のロボットカー、糖尿病患者が常に血糖値をモニタリングできるコンタクトレンズ、電動大型ドローンによる宅配サービス等、先進的な研究開発で知られる研究組織X（GoogleX）を率いる彼のスピーチ映像が、「失敗を喜ぶことの意外な効果」という演題で「TED Talks」に公開されています。そこで彼は、「素晴らしい夢には、

テーマ

夢と現実、希望、挑戦

ねらい

新生活への期待と希望とともに、若干の不安も抱いている子どもたちに、失敗を恐れることなく、果敢に挑戦し続けていってほしいという激励を込めたメッセージとして内容を構成した。

ビジョンだけでなく実現するための戦略がある」として、次のようなことを語っています。

「X（GoogleX）」では、失敗を奨励しています。失敗した社員を表彰台にあげ、「よくやった！　みんなで見習おう!!」と、みんなの前で誉め、評価します。ただ「失敗しよう」と言うだけでなく、失敗できる雰囲気をつくるようにしたのです。すると、会議で積極的に新しいアイディアが出されるようになり、活発な話し合いを経て欠陥を見つけ出し、それを気前よく捨てていく空気が生まれ、革新的な企画が次々と生まれるようになったのです。

企業を経営する上で、失敗を恐れないことや、それを評価することは、大変難しいことです。しかし、「失敗してもよい」という雰囲気をつくることは、職場に新しい風を吹かせるために必要な課題と言えるのです。「X」の影響なのか、シリコンバレーには「早く失敗しろ」という言葉が流行りだしました。時間と費用を使い過ぎる前にあらゆることを検討し、失敗して学んだことが成功につながるという意味です。もちろん、高い目標に挑戦することが前提です。

今の皆さんは、いろいろな夢や希望を抱いていることと思います。その実現のために具体的な目標を設定し、着実に実行していくことで、さらに向上していくよう努めてほしいと思います。失敗を恐れず、積極的に挑戦を続けていきましょう。

アイデア・ポイント

・パワーポイントを活用して映像・写真を提示し、視覚・聴覚に訴え、興味・関心と意欲の喚起をねらった。

参考

・坂崎善之『人生の達人・本田宗一郎』講談社文庫、1997年
・Astro Teller「The unexpected benefit of celebrating failure」TED Talks 2016

4月④

ダイヤモンドの4C

デパートの宝飾品売り場に勤める友人から、ダイヤモンドの話を聞く機会がありました。将来皆さんの役に立つかもしれないので、お話しします。

ダイヤモンドには、その価値や品質を評価するための国際基準があるそうです。「重さ」「色」「透明度」「研磨」の四つです。英語で言うと、carat・color・clarity・cutとなり、その頭文字をとって、「ダイヤモンドの4C」と呼ばれています。実は、この中で唯一、人間の手にゆだねられているものがあります。それは何だと思いますか。

まず、「carat」について考えてみましょう。これはダイヤモンドの重さのことです。大きさと言ってもいいでしょう。大きさは人間の手で変えることができるでしょうか。大きな石を小さくすることはできますが、小さな石を大きくすることはできません。ですから、「carat」は人の手で変えることはできません。

では、「color」は？　ダイヤモンドには、黄色がかったものやピンクがかったものなど色のついたものがありますが、無色透明なものほど価値が高いとされています。そこで昔から多くの科学者がダイヤモンドの脱色を試みてきました。しかし、未だに成功していません。つまり、色も人間の手で自由に操作することはできません。

「clarity」はどうでしょう。ダイヤは天然石ですから、気泡や不純物が含まれていま

テーマ

努力によって能力を引き出す、自分を磨く

ねらい

生徒一人一人にはもって生まれた個性や能力がある。日々の授業、行事、部活動などに真剣に取り組んでこそ、それらを引き出すことができる。一年のスタートにあたり、自分の個性や能力を引き出し、伸ばす努力をすることの大切さについて話したい。

す。これらはダイヤの輝きの元となる光の透過や反射を妨げてしまいます。取り除くためには石を壊さなければなりません。従って、これについても人の力は及びません。

残るは、「cut」です。原石の形を整え、磨きをかけ、最高の輝きを引き出す工程です。そうです、これこそが唯一人間の技術にゆだねられ、人の手によって価値を高めることができるものなのです。どんなに大きくても、無色透明で不純物がなくても、磨かなければただの石です。磨くことによって石はダイヤになるのです。

友人の話を聞いているうちに、人についても同じことが言えるのではないかと思いました。人にはそれぞれ違った個性や能力があります。でも、どんなに才能があっても、それを磨いて発揮しなければ、「ない」のと同じです。子どもは「学習」によって、大人は「仕事」によって個性や能力を磨き、自分の価値を高めます。この一年、様々な出会いや体験や学びを通して自分の能力を引き出し、高めてください。皆さん一人一人がダイヤモンドより強い輝きを放つことを期待しています。

アイデア・ポイント

- 「重さ＝carat」「色＝color」「透明度＝clarity」「研磨＝cut」というように、カードやホワイトボード、スライド等を使って文字を表記する。
- ダイヤモンドが輝いている様子や不純物が入っている様子などを、写真や映像で見せる。
- 最後に、ダイヤモンドの原石と研磨後の原石を映像で示し、講話のまとめとする。

5月①

かけがえのない自分

5月5日は子どもの日です。こいのぼりや兜を飾った家もあるかもしれませんね。特に男の子だけの日というわけではなく、子どもたちが健康に育つことを祈ったり喜んだりする日です。お家の人にとって皆さんは何ものにも代えられない宝物なのです。

地球には80億人くらい人間がいます。この80億人のただの一人も完全に同じ人はいないのです。すごいことですよね。

私は私で、ほかの誰でもないのです。誰にもなれないし、誰にもなる必要がないのです。皆さんの中には皆さんだけの個性があります。個性というのはその人らしさですから、良いこともあるし困ることもあります。そして良いか悪いかは、個性を出している場所や周りの人に迷惑かどうかで決まります。

たとえば授業中だと、うるさいと思われている子は、お祭りでは元気があってノリのいい子だったり、静かであまり話さない子は、人の話を聞くのがとても上手な子だったりします。自分のもつ個性は良くも悪くもなく、その人らしさなのです。

時と場所と目的に合っているか、周りの人の様子をよく見て、みんなが自分のことでどう感じているかを考えることが必要です。でも、人の目を気にして自分らしくしないというのとは違うのです。皆さんは、自分の個性をどう生かして活躍したらいいかを学

テーマ

自分のことも友だちのことも大切にしよう

ねらい

自分がこの世に生まれたことは、奇跡である。他の誰とも同じでない自分は世界に一人だけ。そして隣にいる友だちも世界に一人だけなのである。自分や友だちの素敵なところをみつけ、認め合って受け入れ合って平和な社会をつくっていこうという意識を高めたい。

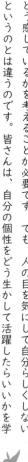

校でみんなと一緒に活動しながら学んでいきましょう。

大事なことは、自分は世界にたった一人しかいない、何にも代えることのできない大事な一人だとわかっていることです。そう信じて、自分のことを大事にしてください。

自分を大事にするというのは、何もしないでダラダラすることではありません。自分の得意なことをどんどん伸ばせるように鍛えたり、自分の得意なことを見つけるためにいろいろなことにチャレンジしたりすることです。そうしたら、自分のことがどんどん好きになれるのです。やりもしないで、どうせ無理とか、面倒くさいとか言って動かないことは、自分を大事にしていないということです。

そしてもう一つ大切なのは、世界中であなたがかけがえのない宝物であるように、あなたの周りにいる人もまた一人一人誰の代わりにもできない素敵で大事な人だということです。自分を大事にするのと同じように、他の人を大事にしてください。他の人を大事にするということは、その人と話をして、その人の気持ちを受け止めてあげるということです。

自分も大事にする、他の人も大事にする。みんながそうすることができたら、戦争のない素晴らしい地球になりますよ。

未来をつくるのは皆さんです。

アイデア・ポイント

・5月5日は子どもの日、子どもたちが元気に生きていることを喜ぶ日である。自分も友だちも学校のみんなが元気でいることを学校全体で喜んでいることを伝えたい。家庭の宝物が子どもであることも伝えて愛情をしっかり注ぐつもりで話す。
・5月5日の祝日から話を広げたが、話のきっかけにするだけなのでいつ話しても構わない。

5月②

チャンスの神様をつかめ

もうすぐ運動会ですね。私は運動会でみんなに活躍してほしいと思っています。皆さんの中には応援団長やリレーの選手などに挑戦したいと思っている人がいるのではないでしょうか。

応援団長を決めたり、踊りのリーダーを決めたり、係活動のリーダーを決めたりするときに、「誰かやってくれる人いますか?」と聞かれることがあります。そんなとき、「やってみたいけどどうしようかな」「お家の人にかっこいいところを見せたいなあ」「でも私にはできないかもしれないし」「でも、今やらないと次はないかもしれないし」でも、でも……、と考えているうちに、他の人が「私がやりたいです」と言って決まってしまったこと、今までにありませんでしたか?

うまくできるかどうかは、やってみないとわかりません。苦手と思っていても、やってみたら意外とうまくできたりもします。

どの子にも得意なことやよいところがあります。自分では気が付かないことも多いのです。どうやったら自分のよいところに気が付けるかといえば、まず、何かに挑戦することです。失敗したっていいのです。うまくできなくてもいいのです。

「やってみませんか」と言われたときは、必ずチャンスの神様が来ています。チャン

テーマ

チャレンジする、自分を信じる力

ねらい

自分を伸ばすきっかけはいろいろなところにある。やってみたいと思うけれど、無理かなと自分で自分の枠を決めてしまうことはもったいない。「後悔先に立たず」というように、チャンスは必ず取りにいくことが大事であることを伝えたい。

アイデア・ポイント

- 6月ごろの学校行事は5月から準備を始める。運動会でなくても、移動教室や遠足でも使える。
- チャンスの神様の話をす

す。


スの神様を捕まえると、必ずたくさんのことを学べて、自分のよいところが見えてきます。

　チャンスの神様は目には見えません。どこにいるかわからないけれど、「やってみる！」と決めたとき、あなたは実はチャンスの神様を捕まえているのです。

　チャンスの神様はいつも、前からやってきます。自分が進む方向から近づいてくるのです。そしてチャンスの神様には前髪しかありません。頭の後ろはつるつるなのです。

チャンスの神様が来たとき、「挑戦しよう！」と思って手を伸ばすと、神様の前髪をしっかり捕まえることができます。すると、神様は目をパッチリ開けてにっこり微笑みます。そしてあなたに幸せをくれるのです。

　でも、迷ってぐずぐずしていると、チャンスの神様はスーッと横を通り抜けてしまいます。通りすぎてから「やっぱりやりたい」と思って振り返って髪の毛をつかもうと思っても、後ろには髪の毛がなくてつるつるなのでつかめないのです。そしてチャンスの神様は止まらずに行ってしまうのです。

　とにかくチャンスが来たら行動してみることです。行動したことは成功でも失敗でも、必ずあなたにとってよい結果を持ってきます。

　早速今日からチャンスの神様を探してみましょう。


るときには、神様の姿を想像する楽しさを味わわせてから、校長の考えた神様の姿を見せると笑いが起きる。

参考

・チャンスの神様には前髪しかないという話は、『ギリシア詞華集』に収められた、紀元前4～3世紀のギリシャの詩人、ポセイディッポスの詩の一節から広まったと言われている。
・円満字二郎編著『小学館故事成語を知る辞典』小学館、２０１８年

5月③ 友だちとのトラブル

皆さんは、意地悪をしたりされたりしたことがありますか？

あるクラスで「いじめられたことがありますか？」と聞いたら、クラスの半分以上の人が「ある」と答えて、「いじめたことはありますか？」と聞いたら、ほとんどの人が「ない」と答えたそうです。同じクラスなのに、いじめられた人がいじめた人よりもずっと多くいるのはなぜでしょう。

担任の先生が、無視されたという谷口君に「どんな時に無視されたの？」と聞いたら、「昨日の朝、山田君に声をかけたのに、無視された」と言っていました。それで山田君に「なぜ無視したの？」と聞いたら、山田君は「昨日の朝は声をかけられていない。僕はサッカーをしていたから谷口君とは話してないよ」と言うのです。山田君は、谷口君に気づいていなかったのですね。

もう一人、仲間外しをされたという高橋さんは、「森さんと一緒に帰ろうって約束していたのに、わざと他の子と先に帰ってしまった」と言っていました。森さんに先に帰ったわけを聞くと、「ピアノがあるから早く帰ることになっていたのを思い出して、急いで帰りました。一緒に帰れないって高橋さんに伝えてと三井さんにお願いしておきました」と言っていました。でも、三井さんが帰る時、もう高橋さんは帰ってしまってい

テーマ
人間関係のトラブルの起こるわけ

ねらい
人間関係のトラブルは、ほとんどが誤解から始まっている。その誤解を確かめずに想像して、必要以上に悩む場面が多いことを踏まえて、きちんと話をすることの大切さを理解させたい。

て伝えられなかったそうです。すれ違いだったのですね。

このように、人間同士のトラブルのほとんどは、思い違いだとか、きちんと確かめず想像で「きっと、わざとだな」なんて悪くとらえることで起こります。クラスの中にいじめられた人がいじめた人よりずっと多いのも、こんな誤解が原因かもしれません。

では、どうしたらこうしたトラブルを防げるでしょうか。

それは簡単です。直接相手に聞けばいいのです。この時のポイントは優しい言葉で聞くことです。「なんで無視するんだよ！」なんて言ったら、「無視なんかしてないよ！」と言い合いになります。「ひどいよ。約束してたのに」なんて責めると、「ちゃんと言ってから帰ったのに！」と気まずい感じになります。

優しい言葉で、「呼んだのに返事してくれなかったのはどうして？」とか、「昨日、一緒に帰れなかったのはどうして？」などと、「どうして？」を初めではなく最後に付けるのもポイントです。

あなたが仲良くしたい友だちは、そんなに意地悪ではありません。きちんと自分の気持ちを優しい言葉にして伝えていきましょう。きっと嬉しい答えが返ってきますよ。

アイデア・ポイント

・5月は人間関係がうまくいく子といかない子が明確に見えてくる時期である。学級活動の時間にクラスみんなで考える機会にすることもよい。

・実際の会話例を入れて、演技しながら伝えることで、より具体的に伝わる。

参考

・国立教育政策研究所「小学校特別活動映像資料」学級活動（2）「大切な友達」

※文中の個人名は仮名です。

5月④

おかげさま

生まれた国や肌の色などとは関係なく、日本語を話せる人には、日本語の中にある日本の考え方が伝わっています。

日本語には他の国の言葉では訳せないものがたくさんあるのです。そういう時は、日本語のまま世界で使われています。例えば、「JUDO」「TOFU」「SUMO」など、日本で生まれて、他の国にないものです。学級会や学校行事などの特別活動は、外国では「TOKKATSU」と言われています。このように、日本語だけどそのまま外国で使われている言葉で有名なのが「もったいない」です。もったいないという言葉は、「無駄を出さない」というのとはちがって、時には「もったいないお言葉」などと、「すごくありがたい」とか「大切な」という意味にもなります。

今日、皆さんにお話しするのは、やはり日本だけの言葉「おかげさま」です。

「お」で始まって「様」で終わる言葉は、日本人がとても大事にしてきた言葉です。お殿様、お父様、お母様、お天道様などもそうですね。

「おかげさま」を英語の辞書で調べると「thank you」なのです。ちょっとちがいますね。日本語の「おかげさま」は、「ありがとう」だけの意味ではありません。

久しぶりに会った人に「おげんきですか？」と聞くと、「おかげさまで」と答えます。

テーマ
全てのものへの感謝

ねらい
私たちは全てのものにつながっている。生きていることは全てのものに感謝をするということ。日本語の美しい言葉「おかげさま」の意味を知ることで、日本人の自然とともに感謝をもって生きる考え方を知り、お互いを大切に思う気持ちをもてるようにする。

その人には久しぶりに会ったのですから、会わなかった間に何かしてもらったわけではありません。では、元気でいられたのは何のおかげなのでしょうか。

それは「全てのことのおかげ」です。例えば、山のおかげで川ができて、川のおかげで水が飲めて、魚が食べられます。例えば、太陽のおかげで植物が育って、植物のおかげで空気ができて、私たちは息が吸えます。身近なところでは、工事をしている人たちのおかげで、道路が歩きやすくなって、私たちは怪我をしないで済んでいます。誰かが花に水をやってくれているので、花いっぱいの気持ちのいい花壇になっています。

全てのものが何かにつながっているのです。山も海も風も雲も隣にいる友だちも、全てのものは私たちとつながっています。だから全てのものに感謝して生きてきた中で作られた日本語は、感謝の心が込められた特別な言葉なのです。

今、SDGsといって人間同士で仲よくしよう、自然を大事にしようなど、いろいろな目標を立てています。日本語の「おかげさま」という言葉は、そのどこにでも入ると思うのです。

今日も感謝の気持ちをもって元気に過ごしましょう。

アイデア・ポイント

・世界の中で日本語のままで広がっている言葉を例に挙げることで、日本語のもつ奥の深さに気付くようにする。

5月⑤

多様性と学校教育
～「めでたし、めでたし？」から見る多様性～

テーマ
多様性を認め合う学校づくり

ねらい
多様性の理解の具体を児童視点でとらえることができるようにする。

「皆さん」〈※この「皆さん」という言い方が後でキーワードになります〉、ダイバーシティ（Diversity）という言葉を聞いたことがありますか。日本語にすると「多様性」という言葉になります。

何やら難しそうな言葉ですが、「多様性」とは、全く違うたくさんの人や物の集まりのことを示す言葉です。ですが、これは、目に見える違いだけでなく、考え方や信じているもの、大切にしているものなど、目に見えないものも含まれる言葉なのです。

今日は、多様性について考える資料として、新聞広告クリエーティブコンテスト2013最優秀賞を受賞した「めでたし、めでたし？」のポスターを持ってきました。

では、「めでたし、めでたし」で終わるお話といえば…、そう、「桃太郎」ですよね。

あれっ…、どうやらこのポスターは、桃太郎に出てくる鬼の子どもが主役のようです。

ムムッ…、鬼の子がたどたどしい文字で何やら書いていますね。

「ボクのおとうさんは、桃太郎というやつに殺されました。」

そしてポスターの下のほうに、

「一方的な『めでたし、めでたし』を生まないために。広げよう、あなたがみている世界。」

とのコメントが小さく書いてありました。

〈少し時間とって子どもたちの反応を見る。〉

このポスターをつくった人は、きっと「ある人にとってしあわせと感じることが、別の人からみればそう思えないことがあるかもしれない、反対の立場に立ってみたら、時間をかけて考えてみたら、別の時代だったら、別の国だったら、別の場面だったら……、どの立場でその出来事を見つめるかによって、しあわせは変わるかもしれない。」そんな見方や考え方の理解を、有名な物語をもとにポスターにされたのかな。と、思いますが、これも、校長先生の見方なので、本当のところはわかりません。

でも、当たり前に使われる「めでたし、めでたし」が、別の立場で見たら、そうではないかもしれない、この別の立場で見ることができる力、多様性を理解する力をつけてほしいと思います。

「人は皆同じ　人は皆違う」、全く逆のことを言っていますが、人は皆「人間として同じ」であると同時に、人は皆「違う人間」です。「一人一人が皆同じく違う」ということ、多様性を認め合うことから、学校が始まるのだと思います。

これからも、「みんな」で一括りにしない学校にしていきましょうね。

アイデア・ポイント

・誰もが知っている昔話を題材に、多様性について、自分側ではなく相手側から見つめる立場の変換の意識に気づかせる。

出典

・日本新聞協会／2013年度新聞広告クリエーティブコンテスト最優秀賞受賞作品「めでたし、めでたし？」
コピー：山﨑博司さん（博報堂）、デザイン・イラスト：小畑茜さん（博報堂）

5月①　祖母がつくってくれた「ちまき」

5月5日は「こどもの日」です。皆さんは、「ちまき」を食べたことはあるでしょうか。

私が小さい頃、「こどもの日」には、祖母が「ちまき」を作ってくれました。祖母が作る様子を横で見ていて、作り方を教えてもらいながら、蒸して食べるところまでがとても楽しみでした。祖母が亡くなって、それを、母が引き継いでくれていましたが、いつの間にか、「ちまき」を家では作らなくなりました。

最近、近所のおばさんが、『ちまき』作ったから、よかったら食べて！」と、届けてくれました。本当に懐かしく思いました。昔のままの作り方だったからです。

しかし、その時、はっとしました。「ちまき」は日本の伝統文化です。英語の教材にも出てきました。屋根には、菖蒲の葉をたらしたり、お風呂に入れたりしました。

皆さんは、それを知っているでしょうか。

知らない人も多いかもしれませんね。

この伝統文化を後世の人に伝えるのは誰だろうと考えながら、「あっ！」と気が付きました。我が家に引き継がれてきた伝統文化を途切れさせたのは、まぎれもなく私自身であり、私は、娘にそのことすら伝えていないのです。

テーマ

伝統文化の継承

ねらい

・伝統文化を継承する担い手は自分自身であることを知り、小さなことから、引き継いでいくことの大切さを知ること。

・古くからの伝統文化だけでなく、学校には、大切に引き継がれている文化があり、それを継承するのは、今そこにいる生徒一人一人であることを知ること。

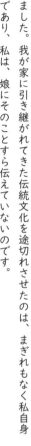

いろんな行事や習わしがなくなっています。しかし、その中に込められた古くからの人たちの思いを次の世代に伝えることは、重要です。

この学校にも、大切にしている「挨拶・清掃・合唱」の伝統文化があります。生徒会役員の皆さんの公約にはこの3本柱が必ず入っています。その公約を聞きながら、皆さんはこの3本柱が大切であることをちゃんとわかってくれていることに安心します。この伝統は皆さんの先輩たちや先生方が多くの時間をかけて大切に創り上げ、引き継いできてくれました。

しかし、創り上げるのには時間がかかるのにもかかわらず、それを途切れさせることはとても簡単です。どうか、その中に込められた先輩たちの思いや、昔の人たちの思いを受け継いで、つないでいってください。

皆さん一人一人の引き継ぐ気持ちにかかっています。期待しています。

アイデア・ポイント

・校長が自らの経験を振り返り、話すことで、「べき」論ではなく、素直に生徒の心に届けるようにしたい。

・「ちまき」以外に、自分の家や、地域、その土地に伝わる習わしや伝統文化に気付かせ、自分たちが伝えなければ途切れてしまうことに気付かせたい。

・同時に学校で大切にしてきた文化を意識させ、それを継承する役割が生徒一人一人にあることに気付かせるように、繰り返し話していくと効果的である。

5月②

奇跡を起こしたAが教えてくれたこと

テーマ

克己心

ねらい

どんなに学習が苦手と思っている人でも、たった一つでいい、わかる、できると感じたところを見つけて、自信がもてるまで頑張れば、必ず成果が出ること。また、そのことがきっかけで、他の教科まで伸びることを知ること。

もうすぐ、今年度初めての定期テストがやってきます。皆さんは、勉強が得意ですか？

私が出会った、当時中学校2年生だったAの話をします。

Aは、勉強がかなり苦手な生徒でした。そんなAが、数学の授業で「証明」を習ったとき、「もしかして、これならわかるかもしれない」と思い、一生懸命授業を聞いて、家に帰っても問題を解いていたら、気が付くと数学のテストで85点をとることができたそうです。そして、このことがきっかけで、他の教科の授業まで少しずつできるようになっていきました。

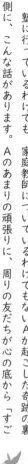

私は思わず、担任の先生とAに校長室に来てもらいました。そして、どれほど得点が伸びたのかを聞いて、本当に驚きました。Aに、「誰でも、いつからでも、わかるようになると思いますか？」と尋ねると、Aは自信をもって、「どんなテストも一桁しかとれなかった僕ができたのだから、誰でも得意なことを見つけて頑張れば、絶対わかるようになります。僕がその証明です。」と答えてくれました。

塾に行っているわけでも、家庭教師についているわけでもないAが起こした奇跡の裏側に、こんな話があります。Aのあまりの頑張りに、周りの友だちが心の底から「すごい！」と共に喜び、さらに勉強が苦手だった他の生徒が、「Ａのように頑張れば、自分もわかるようになるかもしれない。」と、少しずつ勉強し始めたそうです。

　皆さんの中には、「どうせ頑張っても無理」と思っている人がいるかもしれませんね。本当にそうでしょうか？　私は、Ａの「誰でも得意なことを一つでも見つけて頑張れば、絶対伸びます」と自信いっぱいに話してくれた姿を忘れることができません。

　どうか、自分を信じて、学習が得意な人は、もっと得意になるよう、学習が苦手な人は、何か一つでいい、これならできると思える得意を見つけて、わかる喜びを感じることができるまで、頑張ってみてください。

　まずは、この中間テストからですね。

　次に奇跡を起こすのは、皆さんです。

アイデア・ポイント

・誰にでも、いつからでも、伸びるチャンスがあることを、本気で信じさせてくれた実際にあったＡのような話は、何にも増して説得力があるため、いつもアンテナを高くして、職員から生徒の情報を得て、その生徒と実際に話をした内容を伝えていくことが効果的であると考える。

5月③

簡単で、便利だからこそ

新しいクラスになって一ヵ月半余りが経ちましたね。クラスは、今、どんな感じですか。

先日、参観するのが楽しみな全クラスの道徳の授業を見ながら、ある学級で足を止めました。自分の意見をグループの中で伝えようとしている皆さんがいて、それを優しく見守っている先生がいました。先生から、「じゃ、自分の意見でも、友だちの意見でもいいので、みんなの前で話してくれる人はいるかな」と尋ねられると、手がたくさん上がりました。一人目の生徒が、クラスのみんなに語るように話していると、自然に拍手が起こり、次々と他の生徒が意見をつなげていきました。安心して自分の意見を言えるクラスになっている様子を見て、こちらが、とてもあたたかな気持ちになりました。

さて、これから、15年以上前に、ある会議で聞いた高校の先生の話をします。

卒業式の日、担任をしていた一人の生徒が、こんな話をしてくれたそうです。

「先生は、クラスを盛り上げようと、レクをしようとか、クラスで何か盛り上がることができないかいろいろ提案をしてくれたけれど、それを『やりましょう』と手を上げることができませんでした。ほかのみんなも同じだったと思います。みんな息をひそめ

テーマ

節度・節制、遵法精神、よりよい学校生活、集団生活の充実

ねらい

SNSの使い方のルールやマナーを学ぶことは、生徒自身が快適な交友関係を築くことができるだけでなく、安心して自分の思いを出せるクラスづくりに欠かせない要素であることを知ること。

ていたと思います。」

なぜかというと、クラスにはメールのグループがあって、目立つことをすると、そこに、何か書かれるのではないかと不安だったからということでした。だから、その生徒は、そのメールのグループからやっと抜けることができる卒業式の日を心待ちにしていたそうです。

その先生は、とてもショックを受けて、このことについて、次の年、生徒会の皆さんと、どうすればよかったか話し合ったということでした。これは、15年以上前のある高校でのお話です。

皆さんは、大丈夫ですか？　安心して、自分の意見を、クラスや仲間の中で出せますか？

今、ＳＮＳは、さらに、簡単で、便利なコミュニケーションの手段になっています。だからこそ、その使い方にはルールやマナーがあります。

安心してクラスの中で自分の思いを語ることができるクラスに、皆さん一人一人がしていくためにも、もう一度、ＳＮＳの使い方についてしっかり確認したいですね。

アイデア・ポイント

・自分の思いを安心してクラスや仲間の中で出せる風土を醸成するとき、それを阻む要因の一つとしてＳＮＳがあることを想定して、集団が出来上がる前や、学校行事がある前に、伝えていくことが効果的であると考える。
・日々、教室の様子を見て回りながら、モデルとなるようなクラスの様子を伝え、陥ってはいけないポイントを伝えていくと効果的であると考える。
・校長は、ネットモラルについて話すというより、安心して自分の思いを伝えることができるクラスづくりの視点から伝えると生徒に入りやすいと考える。

5月④

つながることの心地よさ！

5月も終盤を迎え、いよいよ生徒会主催の体育祭が目前に迫ってきました。体育や学活はもちろん、朝練にも熱が入ってきましたね。

さて、皆さん、今までの体育祭は、楽しかったですか？　きっと、皆さんの答えは、一人一人違いますよね。どうしたら、体育祭の後、「楽しかった」「とても充実していた」と感じることができるのでしょう。

二つの話をします。一つ目は、みんなをつないでくれたAの言葉についてです。

あるクラスで、全員参加の大縄跳びの練習をしているときに、どうしても誰かがひっかかってしまって、ついひっかかった人を責めてしまったりして、クラスの雰囲気が悪くなっていたのだそうです。そのとき、Aが、「みんなの優勝したい気持ちはすごいと思うけど、私は、みんなと体育祭に出られるだけで、本当にうれしい。」と言ったそうです。Aは事情があって、昨年まで学校に来ることすらできなかったので、Aが心からそう思う言葉が、クラスのみんなの心に染み渡るようだったと担任の先生が話してくれました。

テーマ

よりよい学校生活、集団生活の充実

ねらい

学校行事を通して、学級や学校の一員としての自覚をもち、協力し合って、よりよい校風をつくるとともに、集団の中での自分の役割を自覚し、集団生活の充実に努めること。

二つ目は、体育祭当日の温かな光景についてです。

競技が進めば進むほど、「おしい、おしい」「もう一回頑張ろう」「大丈夫、大丈夫」という仲間を励ます声が、3年生から2年生、1年生へと、どんどん広がっていきます。

さらに、3年生では、競技を始める前に、自然に全員が円陣を組み、「〇組、絶対優勝」「オー」という声掛けが始まります。体育祭当日のグラウンドで、私は、この3年間、こうした声掛けや、円陣がグラウンドに広がっていく風景を見てきました。3年生が、どうしたらクラスの仲間がつながることができるのか、その方法を後輩に教えてくれているようでした。

つながることの心地よさを知ることができる機会は、そう多くはありません。だからこそ、皆さんにはそれを味わってほしいと強く思います。うまくいかなくなったとき、誰かが、「大丈夫！　頑張ろう！」と言ってくれたら、「そうしよう！」と言える人になりたいですね。また、クラスの仲間をつなげようと、頑張って話をしてくれた人に、「ありがとう」って言える人になってほしいです。

そして、いつか、自分から、仲間をつなぐ前向きな声掛けができる人になってください。皆さんならできるはずです。

アイデア・ポイント

・学校行事は、取り組みの軌跡を3年生が1・2年生に示すチャンスになる。そこで、取り組みが始まる前に、3年生には上級生としての自覚を、1・2年生には、やがて、自分たちが学校をリードする立場になったときに、何をすべきかを自覚させるように伝えることがポイントである。

・具体的に、何をすれば、クラスや学年や学校にいる生徒がつながることができるのか、また、つながることの心地よさを感じることができるのかがわかるように、実際にあったエピソードを示すことが効果的である。

5月⑤

物を探す時間を減らすことができれば！

テーマ

節度・節制、望ましい生活習慣の習得

ねらい

物を探すことにかけている時間の多さに気付き、それを減らすことでいかにストレスから解放されて余裕のある生活ができるのかを知ることで、毎日の生活の中で、自分に合った自己管理能力を身につけようとすること。

皆さんは、一日にどれくらいの時間、物を探していますか？

授業を参観しているとよく見かける光景があります。

授業が始まる前になると、教科書、プリント、ワークブックなどを必死で探している人がいます。また、なかには、「プリントをなくしてしまったので、もう一度もらえませんか？」と先生に申し出ている人もいます。職員室にも、提出に関わるものをなくしたのでどうしたらいいのか相談している人を見かけます。

配布されるプリントやお知らせの文書の量は、少なくありません。その分、提出するものも多いですよね。なくしてしまったりすると先生や保護者の方から、「どうして、そんな大切なものをなくしたの？」とか「これからはなくさないようにしようね。」と、そのたび指導を受けることになります。これはなかなかつらいですね。

家ではどうですか。自分が持っている服やくつ、かばんや文房具、本が、どこに置いてあるかわかりますか。いざ、必要になった時に限って、置いてあると思っていたところに無くて、かなりの時間、物を探すことはありませんか。それでも見つからなくて、家の人に聞くと、「ちゃんと整理しておかないから！」と叱られることもあるかもしれません。これも、つらいですね。

もし、物を探さなくてもすむようにすれば、多くの時間を、ほかのことに使うことができるうえに、落ち込んだり、周りの方から指導を受けたりすることもなくなります。

そして、それは、将来、とても役に立ちます。良いことばかりですね。

さて、それでは、物を探さなくてもすむようにするにはどうすればいいでしょう。

「配られたプリントはすぐファイルに綴じる」「いつも決まった場所に物を片付けるようにする」「物を増やさないように、一つ買えば、一つ捨てる」など、皆さんもよく知っていることがあると思います。

まず、一人一人が、物を探す時間を減らすために、自分に合った方法を考えてみてください。また、周りに整理整頓が上手な人がいたら、教えてもらいましょう。

それができると、あなたは生き方名人になれますね。

アイデア・ポイント

・どうして、整理整頓が大切であるのか、方法を語る前に、そのメリットを理解させることが大切である。

・簡単に身につくものではないので、例えば、教室で、担任が生徒とともに整理整頓の工夫をしている具体的な例を紹介することも効果的である。

6月①　自分の歯を大切に

先週の○曜日は6月4日でしたね。かなり昔、今から80年以上前は6月4日を「虫歯予防デー」と呼んでいた時期がありました。どうしてそのように呼ばれたか、わかりますか。

そうです。「ろく」と「よん」をそれぞれ「む」と「し」と語呂合わせで読んで、「むし」となりますね。そこから「虫歯」という言葉になり、それを予防する日ということで、「虫歯予防デー」となったようです。

しかし、現在では「虫歯予防デー」と言わず、6月4日から6月10日までの1週間を「歯と口の健康週間」と呼んでいます。ですから今週は、まさに「歯と口の健康週間」です。

そこで今日は、歯のことを少し勉強してみましょう。まずは赤ちゃんのころ、2歳から3歳くらいにかけて、「乳歯」という歯が生え揃います。全部で20本生えます。これはよく「子どもの歯」と呼ばれますが、歯の大きさも小さく、いつまでも生えているわけではありません。

6歳から12歳にかけて、ちょうど皆さんと同じ、小学生の時期に「永久歯」という大人の歯に生え変わるのです。皆さんも乳歯がぐらぐらして抜けた経験がありますね。

テーマ

歯磨きの励行
（健康教育）

ねらい

「歯と口の健康週間」という時季を捉え、歯科検診での実態を踏まえながら、改めて朝会での歯に関する講話を通して、児童に向けた健康教育に関する啓発を行う。また、発達段階に応じたその後の「学級指導」につなげることを教職員に促す。

アイデア・ポイント

・必要に応じ、「キーワード」をフリップのような形で提示するようにする（オンラインによる朝会

永久歯の本数は、実は人によって違います。「親知らず」と呼ばれる奥歯が４本あります。上の歯と下の歯の、右と左の両方の奥にあって、皆さんはまだ生えてきていないと思います。それは人によって生えたり生えなかったり、また治療のためにわざと抜いたりすることもあって、人それぞれです。その４本を数に入れると、全部で32本ですが、実際は28本から32本ということになります。

先月、校医さんによる歯科検診がありましたね。そのときに校医の〇〇先生から教えていただいた話ですが、永久歯の生え始めは、歯としてはまだ柔らかく、虫歯になりやすいそうです。ですから、その時期にしっかりと歯磨きをしないと、せっかく大人になるまで使う大事な歯が、虫歯になって、場合によっては抜かないといけなくなってしまうそうです。

「歯と口の健康週間」の今年のテーマは、「いただきます　人生１００年　歯と共に」です（＊）。大人になっていく途中で、仕方なく事故で歯が折れたり、抜けたりすることもあるかもしれません。そして代わりに入れ歯などを使うこともあるかもしれませんが、いつまでも自分の歯で、おいしく食べることができるように、まずは虫歯にならないようにしっかりと歯を磨くなどして、自分の歯を大事にしてほしいと思います。

であれば、画面を切り替えて提示するとよい）。

・また、日々の歯磨きはもとより、歯が抜けたり虫歯になったりした実体験を想起させるため、実際の内容（検診の日程や校医の名前など）を織り込みながら、話すスピードはゆっくりと、語り掛けるようにしたい。

参考

・日本歯科医師会ＨＰ「歯と口の健康週間」

＊注
・令和４年度の標語より。

6月②

梅雨の日の過ごし方

毎年この時期は雨が降る日が多くなり、外で遊べないことがありますね。気象庁という天気のことをくわしく調べて教えてくれるところによると、今年は6月○日に梅雨入りしました。（△日ごろに梅雨入りしそうだということです。）そこで今日は、これからだいたい1ヵ月半くらい続く、「梅雨」についてお話しします。

まず、初めに話したように、この時期は雨がたくさん降るという特徴があります。1日の中で、朝から晩まで雨が降ることもありますし、雨が降る日が1日～2日ではなくて、3日～4日、あるいは1週間と、毎日のように降り続くこともあります。天気がよければ傘をささずに学校に来られますが、この時期は朝に雨が降っていなくても、いつ雨が降り出すかわかりませんね。中休みや昼休みに外で遊べないことも多くなります。

では、なぜ梅雨の時期に雨がたくさん降るのでしょうか。この説明は少し難しく、1年生から6年生のみんなにわかるように伝えるのは、校長先生でもうまくできませんが、簡単に言うと、地球上を流れている暖かい空気と冷たい空気が、6月から7月にかけて、ちょうど日本の上空あたりでぶつかり、雨が降りやすくなる状態になります。ぶつかった状態のまま、どちらの空気もその場に居座るので、ずーっと雨が降りやすい日が続き

テーマ

季節に応じた生活指導

ねらい

「梅雨入りの時期」を迎え、日本の気候の特徴の一つを学ぶ機会とする。梅雨の仕組みそのものは難しいが、児童にとっての実体験を十分に想起させるとともに、この時期の生活指導のポイントをしっかりと理解させ、実践につなげていく。また、朝会での話で完結させるのではなく、自分たちの問題として、クラスで話し合わせることも大切である。

ますが、だいたい1ヵ月くらい経つと、南からの暖かい空気の勢いが強くなり、北からの冷たい空気を押し上げて、雨が降りやすい状態ではなくなります。日本全体が暖かい空気で覆われると、梅雨明けして、あの暑い夏がやってくる、というわけです。

では、最後に、梅雨の日の過ごし方についてお話しします。カラッと晴れる冬の時期と違って、雨の日はもちろん、たまにある晴れの日も、空気がすごくジメジメとした日が続きます。廊下や階段がなんとなく湿っていて、水ですごく濡れているように感じることもあります。歩いていても滑りやすくなっています。ですから、この時期は特に廊下や階段を走ってはいけません。少し早歩きでも滑ってしまうかもしれないので、注意が必要です。

また、雨が多くなるため、外で遊べないので、気持ちもすっきりとしませんね。しかし、本校は今年から中休みと昼休みに体育館で遊べるようにしました。毎日ではなく学年の順番がありますので、遊べる日は体育館で大いに体を使って遊んでください。遊べない日は、教室や図書室などで静かに過ごしてください。どのように静かに過ごせばいいか、クラスで考えてみるのもいいと思います。担任の先生方、よろしくお願いします。

アイデア・ポイント

・オンラインによる朝会であれば、簡単な梅雨前線（暖かい空気と冷たい空気がぶつかる様子）が描かれた天気図を用意し、提示するとよい。

・はじめに6月の生活目標（本校の例：「雨の日の遊びを工夫しよう」）を提示し、「なぜこのような決まりがあるのか」という問いかけから話を始めることも有効である。学校の決まりには、設定の理由があり、高学年の児童には考えさせたい事柄でもあるからである。

参考

・気象庁等による梅雨入りの情報（気象庁ＨＰ）

6月③ 体力テストに向けて

本校では、来週から体力テストを行います。2年生以上の皆さんは昨年も行ったので、どのようなことをするか覚えている人も多いと思います。しかし、1年生の皆さんにとっては、初めての体力テストですね。今日は、この体力テストのことをお話しします。

まず、体力テストとはどのようなことをするのでしょう。小学校では、①握力、②上体起こし、③長座体前屈、④反復横跳び、⑤20mシャトルラン、⑥50m走、⑦立ち幅跳び、⑧ソフトボール投げの8つの種目を行います。

詳しい内容や方法については、クラスや学年ごとに改めて説明がありますので、特に1年生の皆さんはその説明をよく聞いて、テストに臨んでください。

次に、体力テストをする理由やその目的を話します。

第一に、自分の体力や運動能力のレベルを知ることができます。例えば足の速さとか体の柔らかさ、運動を続ける力、持久力と言いますが、それがどのくらいあるか、などです。また、毎年行うことで、1年前よりも手で物を握る力が強くなったとか、この3年間でボールを遠くまで投げられるようになったなど、自分の変化を知ることができます。

そして第二に、自分の体力や運動能力のレベルがわかったら、健康や安全に気を付け

テーマ

体力・運動能力を高めようとする態度の育成

ねらい

毎年6月頃に実施している体力テストは、文部科学省により「新体力テスト」として小学校では全ての学年で実施しているものである。その実施を前に、体力テストの意義を伝え、精いっぱい頑張ろうという気持ちや、自分の力を知ることで、自らの体力向上に前向きに取り組もうとする態度を育てたい。

アイデア・ポイント

・運動ごとの目的（特性）は、小学生にとって難しい表現であることから、例えば「敏捷性という素

ながら、運動に親しめるようにすることです。例えば、自分の得意な運動をもっと頑張っていくのもいいでしょう。逆に苦手な運動があれば、それを少しでもできるように努力しようということも素晴らしいことです。また、「運動習慣」という言葉があります。少しずつでもいいので、できるときは運動をすることで、体の健康につながります。

　第三に、先生たちがテストの結果を見て、皆さんの実態に合った体育の授業や行事を工夫していくことです。例えば、タイミングよくジャンプする力が少し足りないとしたら、授業の中でそういう運動を多めに取り入れることもあるでしょう。1月には「長なわチャレンジ」もありますから、そのときにもたくさん練習して、みんなで力を高めることができますね。また、敏捷性という素早く体を動かす力などは、皆さんの好きな鬼ごっこやドッジボールなど、体育の授業だけでなくふだんの遊びの中で、身に付けていくこともできると思います。クラス遊びなどを工夫して、楽しみながら運動の力を高めていくこともできそうです。

　さて、体力や運動の能力というものは、皆さん一人一人違います。運動が得意な人とそうでない人、体を動かすのが好きな人とそうではない人など、いろいろな人がいます。しかし、この体力テストを通して、皆さんが少しでも運動することを好きになってほしいと思います。

早く体を動かす力」などと、なるべくわかりやすい表現を付け加えた。さらに、一つ一つの種目を詳しく説明しない代わりに、運動の紹介を兼ねて例を挙げたり、自校の具体的な活動も取り上げたりすることで、イメージをもたせながら児童の体力テストへの理解を促したい。

・なお、例えば「新体力テストの行い方」（東京都教育委員会HP）など、各自治体でテスト内容や方法を図示したものを活用すれば、さらに視覚的にわかりやすくなる。

参考

・「新体力テスト実施要項」（文部科学省）

6月④ 友だちと仲良くするために大切なこと

毎朝、昇降口のところに児童会や代表委員会の人たちが立って、挨拶運動をしていますね。

「おもいやり　みんなニコニコ　〇〇小学校」という今年のキャッチフレーズには、「お互いに思いやりをもって、みんなが笑顔になる、そんな学校にしていこう」という思いが詰まっていると感じます。

校長先生が4月に話をした二つのお願いを覚えていますか。一つめは、「交通事故に気を付けて、毎日元気に学校に来てください」でした。そして二つめは、「友だちにいじわるなどしないで、みんな仲良くしてください」でした。

友だちと仲良くするためにはどうしたらよいでしょうか。

その方法の一つが、挨拶です。朝、クラスの友だちと会ったときに、「おはよう」と声をかけていますか。自分から声をかける人も多いと思いますが、先に友だちから「おはよう」と声をかけられたときに、「おはよう」と挨拶を返していますか。挨拶を交わすと、気分が爽やかになりますね。「こんにちは」「さようなら」「ありがとう」「ごめんなさい」「いただきます」「ごちそうさま」……教室からは、ほかにもこんな挨拶が聞こえてきます。挨拶は「自分の気持ちを相手に伝える言葉」だと、校長先生は思います。

テーマ

豊かな心の育成
（いじめ防止を兼ねる）

ねらい

いじめの未然防止や早期発見、早期対応による解消など、どの学校でもいじめ対応に重点的に取り組んでいる。1学期もあと1ヵ月というこの時期に、改めて友だちとの関係を振り返らせるとともに、お互いにどのように接するのがよいのか、「言葉」をキーワードにして考えさせたい。

また、「ちくちく言葉とふわふわ言葉」というのを聞いたことがありますか。相手を嫌な気持ちや悲しい気持ちにさせるような「ちくちく言葉」、反対に、相手のことを温かい気持ちで包み込むような「ふわふわ言葉」。「すごいね」「できたね」「惜しい、また頑張ろう」「ドンマイ！」……友だちとの会話の中で「ふわふわ言葉」をたくさん使って、お互いに優しい気持ちになれたらすてきですね。

皆さんが話す「言葉」は、先ほど話した「挨拶」のように、自分の気持ちを相手に伝えることもありますが、使い方を間違えると、ちくちく言葉のように、相手を傷つけてしまうことがあります。しかも一度言葉として口から出たものは、引っ込めることもできませんし、そのまま相手に伝わり、その相手だけでなく、周りの人も嫌な気持ちにさせてしまいます。

ですから、そういう言葉ではなく、「ふわふわ言葉」のように、自分も相手も、そしてみんなが優しい気持ちになれる言葉を使うようにしてほしいと思います。

今日は皆さんに、「言葉を大切にしてほしい」ということをお話ししました。1学期も残り1ヵ月となりました。クラスの友だちとより仲良くなって、楽しい夏休みが迎えられるといいなと思います。これでお話を終わります。

アイデア・ポイント

・学校生活の中で実際に取り組んでいる挨拶運動や「ふわふわ言葉」などの例を挙げて、自分たちにとって身近な題材であることを感じさせることで、その後の取り組みへの意欲の向上や新たに始めようとする気運が醸成できる。

・説話的な内容だけで終わらせるのではなく、今回の内容にふさわしい絵本や詩などがあれば、それを読み聞かせることで余韻を残し、子どもたちの心に残る講話にすることもできる。

6月①

よりよい学校を創るために

今日は、6月上旬に予定されている生徒総会に関するお話をします。

本校は、開校して今年で18年目を迎えます。教育目標に掲げる「自主」の学校文化が、歴代の卒業生と教職員により脈々と受け継がれており、本校の誇りだと感じています。あいさつやノーチャイム、学校行事や部活動への取り組みなど、生徒一人一人が自主的に考えて、判断して、よりよい活動を自分たちの手で創り上げています。先月行われた体育祭も、「自主」の精神が発揮された素晴らしいものでした。先生たちも、皆さんの意見を最大限尊重し、応援しています。私も生徒会と定期的に対談して、学校をよりよくするにはどうしたらよいか、生徒会役員の意見を聞きながら話し合っています。

一方で、「文化」というものは目に見えません。よき学校文化を受け継ぎ、発展させるためには、一人一人の自覚と努力が必要です。これがなければ、文化はすぐに崩れ衰退してしまいます。よりよい学校に成長していくためには、絶えず新しく変化し続けていくことも大切です。つまり、果敢に前に進むチャレンジ精神です。

今の学校の姿に満足することなく、「よりよい学校に成長していくために、自分に何ができるのか？」「もっと充実した学校生活を送るためには、何をしなければならないのか？」ということを、皆さん一人一人が自分事として真剣に考えてくれることを願っ

テーマ

よりよい学校を創るために

ねらい

①生徒一人一人が主体となった自治的な学校づくりの意義について考えさせ、生徒総会をきっかけとして生徒の意識や行動の変容を促していく。

②受け身ではなく、自分事として学校生活をよりよく変えていくための具体的な実践の必要性に気付かせる。

ています。

「あなたの国があなたのために何ができるかを問わないでほしい。あなたがあなたの国のために何ができるかを問うてほしい。」

これは、アメリカ合衆国第35代大統領のケネディが就任演説で述べた言葉です。ケネディ大統領はこの言葉で何を伝えたかったのか？　ぜひ考えてみてください。

一人一人が自分なりに考え、一つ一つの着実な行動として実践することにより、○○中学校はさらに素晴らしい学校に成長すると信じています。生徒会役員や専門委員会の委員長をリーダーとして、そして生徒全員が同じ気持ちをもってさらなる高みを目指してくれることを心から願っています。

アイデア・ポイント

・生徒総会の意義や大切さを自覚できるように、学校文化の継承について校長の切実な思いや期待を具体的な言葉で直接全校生徒に伝えていく。

・ケネディ大統領の実際の演説の中で発した言葉を引用することで、民主主義や自治の意味について、生徒一人一人の思考を促し問題意識を高める効果を期待する。

参考

・ジョン・F・ケネディ大統領就任演説（1961年）

アメリカ合衆国国務省「米国の歴史と民主主義の基本文書　大統領演説」

6月②

地域に広げるあいさつ

今日はあいさつについて話をします。

気持ちのよいあいさつは、本校が大切にしている学校文化です。

2年前の卒業生に印象深い生徒がいました。それまでは、週番の生活委員が朝、正門に立って、「おはようございます」とあいさつの声を掛けていたのですが、その3年生の男子生徒は、自分から自主的に正門に立って、あいさつの声を掛け始めたのです。私は「いつまで続くのかな?」と思って見ていたのですが、夏の暑い日も雨の日も、そして寒い冬の日も一日も欠かさずあいさつを続けました。

その生徒は、「学校をよくするために何か自分にできることはないかな?」と思ったのがきっかけだそうです。初めはその生徒一人でしたが、そのうち一人、二人と有志生徒が増え、少しずつあいさつの輪が広がっていきました。多いときには20人くらい集まったでしょうか。やがて彼らは「あいさつボランティア」として全校生徒に認められるようになりました。

ある時、その男子生徒は正門から一歩外に出て、登校してくる小・中学生に対してだけでなく、通行人の方にも「おはようございます!」と声を掛け始めました。とても勇気のある行動だなと思いました。その生徒の身体の向きも、自然に内向きから外向きに

テーマ

地域に広げるあいさつ

ねらい

①よりよい学校づくりや地域づくりに参画するために、一人一人に当事者意識をもたせ、中学生の自分に何ができるかを自分事として考えさせ、地域貢献への意識を高めていく。

②具体的な行動を起こすことで、周りの人たちの意識を変え、理解や協力を得ることで協働して取り組む大きな力を生み出せることに気付かせる。

変わりました。その時、私がその生徒に行動を変化させた理由を聞いてみたら、「あいさつの輪を地域にも広げたいと思ったからです…」と答えてくれました。その生徒の志の高さにとても感動したことを今でも覚えています。

正門の内から外へ、距離にすればわずか1メートルの移動ですが、その1メートルの意味はとても大きいと感じています。あいさつという学校文化を、自分たちが住む地域にも広げたいという考えはとても立派です。

自分たちの住む地域をどうしたらもっとよくできるか？　を考えることは、中学生である皆さんにとって重要だと思っています。自分たちが住む地域を誰かがよくしてくれるのをじっと待つのではなく、自分に何ができるかを問う姿勢を身に付けて欲しいと思っています。

地域の方たちも中学生の力をとても期待しています。皆さんも勇気ある一歩を踏み出してみましょう。

アイデア・ポイント

・本校の卒業生の実際のエピソードを意図的に取り上げることで、その卒業生の勇気ある行動の意味や価値について、よりよく理解できるようにする。
・校長講話の後に、当時の「あいさつボランティア」の卒業生たちの様子を撮った写真を校長室前に掲示することで、全校生徒に視覚的に印象付ける効果を生み出す。

6月③　3秒間の思いやり

先日、朝の通勤途中にこんな出来事がありました。

いつものように電車の最後部のドアから降りた私は、改札口に向かって歩き始めました。そのとき、一人の年配の女性が反対方向からドアに向かってゆっくり歩いてきました。

健常の方であれば、余裕をもって乗車に間に合う距離でしたが、その女性は少し足が不自由らしく、なかなかドアに近付けません。急いでいる様子は女性の表情からも感じられます。女性は最後部にいた車掌さんに、思わず「すみません…」と声を掛けました。すると、声を掛けられた車掌さんはすぐに笑顔を浮かべて、「どうぞ…」と言って女性が車内に入るまで待ってくれたのです。その間わずか3秒足らずの出来事だったと思います。

もしかするとマニュアルでは、車掌さんは「次の電車をご利用ください！」と女性に声を掛けるべきだったのかもしれません。しかし、そのときの車掌さんの笑顔と「どうぞ…」の一言は、とっさに出たのだと思いました。

この光景の一部始終を見ていて、とても心が温まりました。そしてこの車掌さんがどんな気持ちで毎日仕事に向き合っているのかがすっと伝わってきました。こうした小さ

テーマ
3秒間の思いやり

ねらい
①相手のことを大切に思う気持ちを抱くことで、相手に対する思いやりのある行動や態度につながっていくことに気付かせる。
②思いやりのある行動は、周りの人たちを幸せな気持ちにさせ、共感性の高い社会を生み出すことにつながっていくことを理解させる。

な思いやりのある行動が、周りの人を幸せな気持ちにするのではないかと感じました。

　私たちは、こうした温かい行動が日々の日常に埋め込まれていることをもっと意識しなければいけないのではないでしょうか。他にも、私が朝の駅のホームに立っていると、ビニール袋を手に駅前の広場のゴミや空き缶を黙々と拾っている方がいます。この方の日課だと思いますが、誰に見られることもなく、誰かを意識することもなく、いつも同じ時間に、たった一人でゴミ拾いを続けているのです。

　いまの社会の中では、ともすると自分や自分の身の周りのことばかりが優先され、相手に対する気遣いや思いやりが失われてきている気がしてなりません。一人一人が周りの人の優しさや思いやりを感知する感性を失ってはならないと思います。今日お話しした出来事について、皆さんもぜひ考えてみてください。

アイデア・ポイント

・具体的なエピソードを取り上げることで、その場面や状況を捉えやすくさせ、聴き手である生徒一人一人の共感的な理解を促すようにする。
・思いやりのある行動の意味や価値について、道徳の授業の中で生徒にさらに深く考えさせるなど、講話の内容の発展的なつながりを取り入れていく。

6月④ 人間関係を見直すヒント

皆さんは、「ヤマアラシのジレンマ」という寓話を知っていますか。

ある冬の寒い日に、2匹のヤマアラシが暖を取ろうとして身体を寄せ合いましたが、トゲだらけのためお互いの身体を傷付け合ってしまいます。そのため離れてみますが、今度は寒くて耐えられません。何度も近付いたり離れたりしながら、ようやくお互いを傷付けることなく暖を取れる適度な距離を見つけ出す…という話です。

この寓話は、人間関係についてのヒントを与えてくれます。いまの皆さんを見ていると、友だちとの関係でも家族との関係でも、ヤマアラシのジレンマにとらわれ、悩んでいる人が多い気がします。親しい相手だからこそ、踏み込んだことを言ったり、言われたりして、相手を傷付けてしまったり、自分が傷付いてしまったりすることがあります。

ヤマアラシのジレンマから逃れることはなかなか難しいようですが、いくつかの対応策はあると思います。

まず、「思い込みから自由になる」ことです。

「あの人は～に違いない」「あの人はきっと～だ」という勝手な思い込みや決め付けをしないことが大切ではないでしょうか。「相手のことをよく知らない」ということを自

テーマ

人間関係を見直すヒント

ねらい

①友だちや家族との関係づくりに悩むことが多い中学生に対して、人間関係を見直すためのヒントやきっかけを提示し、意識のもち方の改善を示唆する。

②学校や教室を心理的に安全な空間にするために何ができるかを考えさせることで、互いに認め合い、尊重し合う人間関係づくりの重要性に気付かせる。

アイデア・ポイント

・「ヤマアラシのジレンマ」という寓話を用いる

覚することで、自分の思考や相手への関わりが柔軟になり、自分の見方や考え方が変わることも多いはずです。

次に、「相手の気持ちや立場を尊重する」ことです。

相手のことを大切にしている、相手の存在をリスペクトしているというメッセージが相手に伝わることが大切だと思います。大切な相手の意見ならば、たとえ自分とはちがう意見を言われたとしても、「そんな考え方もあるのか…」と柔軟に受け止めることができるはずです。

最後に、学校や教室を「心理的に安全な空間」にするということです。

「心理的に安全な空間」とは、皆さんが不安を感じたり友だちから嘲笑されたりすることなく、自由に自分の思いや考え、ときには自分の悩みを口にできる場のことです。

こうした開かれた居場所としての学校や教室ができるように一人一人が自分の行動や言動を見直していければ、温かい人間関係を創っていくことができるでしょう。

ことで、生徒の興味を喚起するとともに、寓話を通して人間関係の見直しに意識を向けさせる。

・実際に中学生が日常生活で陥りやすい友だちや家族とのジレンマを取り上げることで、生徒の意識や行動の変容を促すことができるように工夫する。

参考

・秋山英夫訳『ショーペンハウアー全集14《新装復刊》』白水社、2004年
・ヘザー・R・ヤンガー著、弘瀬友稀訳『ケアリング・リーダーシップ』アルク、2021年

7月①　だれもが楽しめるお楽しみ会

夏休みまであと3週間あまり。皆さんは、1学期、いろいろなことをいっぱいがんばりましたね。そのがんばりのご褒美に、終業式の前には、お楽しみ会を計画するクラスも多いと思います。

ところで、皆さんは、お楽しみ会の内容を学級会で話し合って決めていると思います。皆さんの学級会では、どんなことを大切にしていますか？

数年前の4年生のあるクラスでの出来事をお話ししたいと思います。そのクラスは、いつも「クラスのだれもが参加できる」ことを大切にして学級会を行っていました。その日の学級会も、「クラス全員が楽しめるお楽しみ会をしよう」という議題で話し合いが始まりました。話し合いの結果、メインイベントがドッジボールに決まりかけたとき、「ドッジボールはAさんが参加できないから止めたほうがいい。」という意見が出ました。このクラスのAさんは、ボールを投げたり、受けたりすることができません。また、自分の意見を話すことも難しい子でした。でも、Aさんもクラスの大切な仲間です。ドッジボールにしたら、Aさんは参加できず、全員が楽しめるお楽しみ会にはならない。でも、ドッジボールをしたい。みんなが困った表情になったとき、ある子からこんな提案が出ました。

テーマ

だれもが排除されない社会づくり（社会参画）

ねらい

クラスの合意形成の視点に人権を置くことが重要であることを伝える。それと同時に、人権とは「やめる」ことを選択するのではなく、新しい文化を「創る」ことだということに気付かせたい。

「Aさんも参加できるルールを考えよう。」

みんなの顔が明るくなり、意見が次々出ました。

「Aさんをねらわないようにする。」

「それなら参加していることにならない。Aさんをねらうときはコロコロと転がせばいい。」

「転がすのは何か違う。横に一緒にいてAさんの分身になって代わりに投げたり、受けたりする役をつくるのがいい。」

たくさんの意見が出て、クラスのオリジナルルールがつくられ、お楽しみ会の当日、Aさんも含めて、クラス全員がドッジボールを楽しむことができました。

皆さんは、この学級会で何がよかったのかわかりますか？　それは、Aさんが参加できないドッジボールをするのではなく、またAさんが参加できないからドッジボールをやめるのでもなく、Aさんも含めた全員が楽しめるドッジボールのオリジナルルールを話し合いでつくったことです。これが、すばらしい。学級会とは、すべての子どもが楽しく学校生活を送るための大切な時間です。私は、学級会こそ小学校の一番大切な学習の時間だと考えています。

さあ、皆さん。これから、学級会でクラスのだれもが参加できるお楽しみ会を計画して、1学期の終わりの楽しい時間を創っていってください。

アイデア・ポイント

・「クラスのだれもが参加できる」「Aさんが参加できる」など、キーワードをフリップにすると子どもの記憶に残りやすい。

7月②「カムイ」と「ちゅら」

もうすぐ夏休みですね。夏の夜空にはたくさんの星がいっぱいです。夏休みには、夜空をしっかりと眺め、広大な宇宙の風景にひたってほしいなと思います。
ところで、皆さんは、夜空の遠く遠くかなたに「カムイ」という名の星と「ちゅら」という名の星があることを知っていますか？　この二つの星は、人間の目では見えませんが、宇宙の彼方にある兄弟のような星だそうです。
二つの星は、２０１０年に日本の国立天文台が発見したもので、その後、広く全国から名前を募って「カムイ」と「ちゅら」と名付けられました。

「カムイ」と「ちゅら」。ちょっと聞き慣れない言葉のように感じる人もいると思います。実は、「カムイ」は、北海道のアイヌ民族の言葉で、日本語では神様と訳されます。でも、「カムイ」は日本の神社の神様とはだいぶ異なっています。「カムイ」はもともと神様の国に住んでいて、そこから動物や植物などのかっこうをして、人間の国にやってきます。そして、自分自身を人間にプレゼントしてくれます。プレゼントをもらった人間は、「カムイ」にたくさんのお供えものをして感謝の気持ちを伝えます。ということは、アイヌ語の「カムイ」は、自然そのものなのかもしれません。

テーマ

自然と言葉の出会い
（感動、畏敬の念）

ねらい

星の命名を題材に、文化的価値が高いにも関わらず消滅の危機にあるアイヌ語と沖縄語の存在を知り、日本列島に継承されてきた多様な伝統的な言語文化のもつ力を考えるきっかけとする。

このように、アイヌの人々は「カムイ」と互いに助け合って生活してきました。遥か彼方の星を「カムイ」と名付けることで、夜空を見ながら、人間と自然が共に手を携えて生きてきたことを思い浮かべることができそうですね。

もう一つの「ちゅら」。これは沖縄の言葉で「美しい」という意味の言葉です。もともとは「清ら（きよら）」という日本語ですが、この「清ら」を沖縄では「ちゅら」と発音します。「清ら」は、古代の日本語では、自然や人間の最高の美しさを意味する言葉でした。今、私たちは美しい花を見て「清ら」とは言いませんね。でも、沖縄では美しいことを今でも「ちゅら」と言います。

そうなんです。1000年以上前の言葉が、沖縄では今も生きているのです。その遙か昔から伝わる言葉が、遙か彼方に輝く星の名となりました。「ちゅら」という言葉からは、遙か彼方に輝く星の歴史と澄み切った美しい宇宙の姿が浮かんできそうですね。

日本の南と北で伝えられてきた素敵な言葉「カムイ」と「ちゅら」。その名をもらった二つの星。夏休みに、その星が宇宙のどこかで輝いていることを想像しながら、素敵な夜空を眺めて、二つの星の名前を呼んでみませんか。

アイデア・ポイント

・星の写真やイラストを活用したり、「カムイ」や「ちゅら」という聞き慣れない言葉はフリップにしたりするとよい。

参考

・国立天文台ウェブサイト＞ニュース＞トピックス「太陽系外惑星系の名称決定、日本からの命名は『カムイ』、『ちゅら』」２０１９年12月17日

7月③ 友だちができない人に

新しい学年になって3ヵ月が経ちましたね。皆さんは、新しいクラスで友だちはできましたか？

私は、小学校4年生の時、転校をしましたが、転校してからなかなか友だちができませんでした。また同時に辛かったのは、「転校生なのに生意気だ」といじめられたことです。でも、一年後、今でも仲がいい一生の友だちができました。

その子はDと言い、彼は5年生からの転校生でした。Dも友だちができずにさびしそうでした。6月のある日、私は勇気を振り絞って、Dの家のインターフォンを押しました。ドアが開きました。ドキドキしながら私は「遊ばない？」と声をかけました。Dからは「勉強があるから……」との返事。「だめかな。」と思いながらも「うまくいくかも。」という期待もありましたので、けっこうショックでした。「じゃあ、また。」そう言って、私はとぼとぼ帰っていきました。ところが、道の角を曲がってDの家が見えなくなったころ、後ろから走る音が聞こえてきました。振り返ると、「やっぱ、遊ぼ！」と追いかけてきたDの声。その時のDの笑顔は今でも忘れることができません。そこから、私とDとの50年以上続く友だち関係が生まれました。

テーマ

友だちをつくる秘訣（人間関係形成）

ねらい

友だちをつくることの難しさとその解決の実話を題材に、相手に対する無償の思いやりが、実は最後に自分にも返ってくることに気付かせ、思いやりのある行動の大切さを伝える。

今思うと、転校生のDを見て、「ぼくは一年間さびしかった。Dにさびしい思いをさせたらかわいそうだ。」そんなことを考えていたのかもしれません。大人になってからDに「どうしてあの時、追いかけてきたの?」と聞いても、「よく覚えていない」と笑っているばかりでした。

このことで私が気付いたことは、こうしたら友だちができるとか、こうしたらいい友だちと出会えるという確実な方法はないということです。相手のことを心配したり、相談にのったりすることで、偶然、その人と心が通じて友だちになれることもあれば、そうしてもうまく友だちになれないこともあります。友だちづくりをあせる必要はありません。大切なことは、相手に見返りを求めない思いやりをもつことではないかと私は思います。

今、友だちができなくても、何年か後にできることもあります。あせることはありません。友だちはきっといつかやってきます。

アイデア・ポイント

・キーワードである「相手に見返りを求めない思いやり」をフリップにするとよい。

参考

この話は、次の詩を参考にして構想した。

・ビートたけし著「友達」『ビートたけし詩集　僕は馬鹿になった。』祥伝社、2000年、58〜59頁

7月④

学校って楽しいことがいっぱい

6月23日は沖縄慰霊の日。8月6日は広島に、8月9日は長崎に原爆が落とされた日。8月15日は終戦記念日です。これらの大切な日を忘れないために、皆さんは1学期に平和学習を行ってきました。

1学期の終わりに、2年生が平和学習で、今の学校と戦争中の学校を比べる学習をしていた時のことです。

「今の学校で楽しいことがある人は発表してください。」という問いに、ハイハイとほとんどの子が手を挙げました。その中で一人、手を挙げずに頭を抱えている子がいました。

「どうしたの？ 楽しいことないの？」と声をかけると、ニコニコ笑いながらこう答えました。「楽しいことがいっぱいありすぎて、何言っていいかわからない！」

先生が、「じゃあ、何か一つ選んで答えてみてよ。」と言うと、「そりゃあ、授業！算数！」――とってもいい答えでした。

でも、戦争中のこの〇〇小学校は、正反対でした。学校の運動場が一面芋畑になり、子どもたちは算数や国語の勉強ができず、ふだんの学校は畑仕事ばかりだったそうです。さらに、毎日のように空襲警報が鳴り、みんな逃げまどっていました。そして、戦争の

テーマ
戦争をなくすために
（社会参画）

ねらい
現在の学校と戦時中の学校の比較から、最大の人権侵害が戦争であることを知り、戦争のない世界をつくるために何ができるかを将来にわたって考える契機にしたい。

終わりのころには学校の近くに爆弾が落ち、何人もの人が亡くなりました。

人が命の危険を感じずに、楽しく生きることができる自由のことを人権といいます。戦争中では、毎日のようにたくさんの人々が死んでいきます。生きることが奇跡のような場面も多くあります。学校で子どもたちが楽しく勉強することなど夢のまた夢です。戦争は人権がもっとも守られていない状態だと思います。

1945年に戦争が終わってから、人権が踏みにじられる戦争を二度と起こさないことを私たちは誓ってきました。しかし、今でもいろいろなところで、人権が守られず、勉強ができない子どもたちがたくさんいることを皆さんは知っていると思います。

人権が大切にされ、子どもたちが楽しく学校で学べるために、私たちが戦争を起こさないことはとても重要ですが、平和を祈ることだけで戦争はなくなりません。

戦争のない世界をつくるためにはどうしたらよいのか。これは、この世で一番難しい問題かもしれません。でも、皆さん、あきらめずにその答えを見つける努力をしてほしいと思います。先生も真剣に考えていきます。

アイデア・ポイント

・沖縄戦、広島・長崎の原爆被害の写真、現在の学校と戦時中の学校の写真、また現在の世界の戦争状況の写真などを見せながら話を進めていく。

7月①
32カ国放浪の旅

私は旅が好きです。夏休みが近づくと、ムズムズ、そわそわしてきて、いても立ってもいられなくなります。そこで今日は、若かりし頃の一人旅の話をします。

まずはトルコ。シュリーマンの『古代への情熱』に憧れて、トロイやエフェソスの遺跡を見て回りました。気温は45℃。鼻から入る熱風と焦げるような日差しに私は気を失いそうになりました。辺りに自動販売機などはなく、ホテルへ帰る途中、やっと一軒の小さなお店にたどり着きました。そこにはおばさんが一人。ふらふらしている私をかわいそうに思ったのでしょう、自分が食べていたお昼ご飯をスプーンですくって私の口に入れてくれたのです。卵とピーマンの炒め物でした。そして、その作り方まで手振り身振りで教えてくれました。見ず知らずの外国人に、こんなにも親切にしてくれたことに私は深く感動しました。

インドでは、リキシャーと呼ばれる人力車のような乗り物をよく利用しました。運転手さんは背中に汗をびっしょりかきながら、市内観光だけでなく様々な旅のトラブルにも立ち会ってくれました。お礼にお茶でもごちそうしようと、滞在していたホテルのロビーに向かった時のことです。ふと気づくと運転手さんがいません。不思議に思い振り返ると、回転扉の向こうでドアマンたちに腕を押さえられていました。カースト制度の

テーマ

異文化理解、多様性の尊重

ねらい

世界には様々な文化、風土、習慣があり、人々はそれらに根ざし、それらを大切にしながら生きている。しかし、残念ながら世界では紛争が絶えず、長い年月をかけて築いてきた営みが一瞬にして破壊されている。共存・共生するためには何が大切なのかを校長自身の海外旅行の体験談を通して考えさせ、異文化に対する寛容さと、多様な価値観を尊重する態度を育てたい。

現実を突きつけられた瞬間でした。
クロアチアのザグレブという町では、みすぼらしい身なりの子どもたちに取り囲まれてしまいました。彼らは何やら口々に叫んでいます。「ジャポネスカラテ」「ジャポネスカラテ」。空手をやってくれと言っているのかな？ と勝手に解釈し、空手の型のようなものを披露してあげました。すると子どもたちは大喜び。いつの間にやら、彼らの親らしき大人たちまで集まってきて、何語かわからない言葉で話しかけてきます。どうやら、彼らはルーマニアの革命から逃れてきた難民のようでした。一体彼らはどこへ向かうのか。幸せを祈らずにはいられませんでした。

旅を通して、人々の善意に出会ったり、想像を超えるものに出会ったりしてきました。そして、いつも思うのは、世界にはいろいろな思いを抱えて生きている人たちがいて、その一人一人には大切な暮らしがあるということです。私たちは、歴史や文化、習慣など、様々な違いを超えて共存・共生できる道をさがし、誰にとってもかけがえのない暮らしや人生を大切に守っていかなければならないと思います。

アイデア・ポイント

- 生徒の理解を助けるために、地図や写真、動画等を活用し、イメージを膨らませることができるようにする。
- また、講話で用いた写真等の資料や、関連する教科書のページのコピーなどを廊下に掲示し、生徒の学びを深めたい。

参考

- シュリーマン著、村田数之亮訳『古代への情熱―シュリーマン自伝』岩波文庫、1954年

7月②

ヒーローインタビュー

中体連大会や吹奏楽コンクールなど、これからたくさんの大会やコンテストなどが行われます。自分の思いを実現するためには、「こうなりたい」とか「こんな試合運びをしたい」ということを、ふだんから強くイメージしておくことが大切です。そこで皆さんにオススメしたいのが、「ヒーローインタビュー」です。オリンピックの金メダリストなどが大会終了後にインタビューされていますよね。アレです。

これから、こちらの二人にインタビューをします。二人には夢が叶ったつもりでインタビューに答えてもらいます。

〈バスケットボール部の部長に対して〉

校長：地区大会優勝おめでとうございます。ズバリ、今回の勝因は何だと思いますか？

生徒：やはり毎日の積み重ねだと思います。学校で練習できないときも部員一人一人が自宅で自主練習に取り組んできました。その成果があらわれたと思います。

校長：決勝戦は、点を取ったり取られたりの白熱した試合でしたね。

生徒：最後まで諦めずにボールを奪いに行きました。リバウンドからの速攻も練習どおりにできました。僕自身も、あの緊迫した場面でスリーポイントシュートを決めることができて、本当によかったです。

テーマ

思えば叶う

ねらい

願いを叶えるためには、実現したい姿を具体的に思い描き、それに近づく努力を日頃から積み重ねていくことが大切である。ここではヒーローインタビューという形でイメージトレーニングを行う。ポジティブなイメージを全校生徒で共有し、士気を高めたい。

校長：県大会に向けてどんな点を強化していきたいですか？
生徒：スタミナづくりのために走り込みに力を入れていきたいと思います。
校長：健闘を祈っています。
〈英語スピーチコンテストの出場者に対して〉
校長：多くの聴衆の前でスピーチをした感想はいかがですか？
生徒：初めはとても緊張しました。でも、会場の一人一人の顔を見ながら話しているうちに、聞いていただいていることがうれしくて、だんだん楽しくなってきました。
校長：練習ではどんなことを心がけましたか？
生徒：「心の中に本当に伝えたいと思うことがあれば、スピーチは必ず成功する」と先生に言われました。なので、伝えたいことは何かを意識して話すことを心がけました。
校長：それは伝わったと思いますか？
生徒：途中から日本語で話しているような感覚になってきたので、きっと伝わったと思います。
校長：ありがとうございました。Good luck!
　二人のインタビューはどうでしたか。とても具体的にイメージしていましたよね。イメージできれば実現できます。ペアで、あるいはチームでインタビューし合いながら、イメージをみんなで共有し、さらに強固なものにしていきましょう。大会がイメージどおりになることを願っています。

アイデア・ポイント

・代表生徒2～3名に、あらかじめ講話の趣旨を伝え、回答を準備しておいてもらう。当日、代表生徒はユニフォームを着用し、校長は本物の記者のようにインタビューをする。生徒を講話に巻き込むことによって、楽しく盛り上げたい。

7月③

SDGsを実現するために

もうすぐ「海の日」です。私たちは海に囲まれた日本に生まれ、水に恵まれた生活をしています。でも、世界には、水道の設備がない暮らしをしている人が20億人もいます。世界の人口の4人に一人です。

〈写真を取り出しながら〉

この少女も、その一人です。名前をアイシャと言います。エチオピアの乾燥地帯に生まれました。もちろん家には水道などありません。アイシャは毎日暗いうちに起きて、ラクダの背中にポリタンクをくくりつけて遠くの川まで水を汲みに行きます。アイシャが毎日水汲みに費やす時間は8時間。一日に使う水はわずか5リットルにも満たないのに。私たちがトイレで流す水の量は1回につき約6リットルから10リットルです。アイシャが一日かけて汲んできた水を私たちは1回で使い切ってしまうのです。生まれ落ちた場所が違うだけで、こんなにも格差があるのです。

このような状況を変え、誰一人取り残すことのない世界をつくるために、国連は17の目標を定めました。それが「持続可能な開発目標＝SDGs」です。しかし、大勢の中の一人に過ぎない自分に、世界を変えるなんてことができるのでしょうか。

テーマ

SDGs

ねらい

世界は、貧困や紛争、気候変動など、様々な課題に直面している。これらを解決するために国連が定めたSDGsを取り上げ、持続可能な世界を築くためには「何をしたらいいのか」「自分には何ができるか」を考え、行動に移していくことができるようにする。

アイデア・ポイント

・日本ユニセフ協会が配信する動画「13歳のアイシャの一日」を視聴すると、より理解が深まる。
・SDGsのポスターやパネル等を用意し、視覚に訴える。
・3×3×3…を説明する

かつて見た映画に、こんな場面がありました。アメリカのある学校の中学1年生の社会科の授業で、「世界を変える方法を考え、それを実行しよう」という課題が出されます。一人の少年はこんなアイデアを出しました。まず自分が、誰か3人に良い行いをします。その3人は、それぞれ別な3人に良い行いをします。これで9人になります。善意を受けた9人は、それぞれまた別な3人に……というふうに、善意を次の人にどんどん送っていきます。そうすれば世界が変わるのではないか、と考えたのです。映画では、少年が一度も会ったことのない人たちに善意の輪が広がっていく様子が描かれています。

では、実際にこれを続けていくとどうなると思いますか。なんと、21回続けると全世界の人に行き届くことになります。3×3×3×……を21回繰り返してみてください。100億を超える数になります。現在の世界の人口は79億5、400万ですから、世界の隅々まで十分行き渡ることになりますね。

一人一人の善意は小さいかもしれません。でも、続けることによって、そして広げることによって、SDGsは達成されるのではないかと思います。この夏休みを利用して17の目標について研究したり、自分にできることを実践したりしてみてはどうでしょうか。

・実際は、3人から3人へ枝分かれしていく様子をホワイトボードなどに図式化するとわかりやすい。
・ここでは夏休みの研究課題にしたが、日常的に生徒会活動の一環として取り組ませるのもよい。

出典／参考
・日本ユニセフ協会 YouTubeチャンネル「13歳のアイシャの一日～水を得るために～」
・日本ユニセフ協会HP／SDGs CLUB／SDGs17の目標／6. 安全な水とトイレを世界中に
・「世界人口白書2022」国連人口基金
・映画「ペイ・フォワード 可能の王国」2000年製作／アメリカ／監督ミミ・レダー

7月④

○○をやり抜いた夏

もうすぐ夏休み。「規則正しい生活をする」「毎日5時間勉強する」という目標を立てた人もいることでしょう。今日は、それを実現する方法を三つ紹介します。

一つ目は、「ちょいテク」です。ちょっとしたテクニックを使うということです。強い意志や自制心は必要ありません。ほんのちょっとの工夫で、弱い自分に打ち克つことができます。

たとえば、「計画表を、見えるところに貼っておく」とか、「勉強開始時刻に音楽が流れるようにタイマーをセットしておく」とか。「まずは5分間やってみる」「とりあえず1問解いてみる」という方法もオススメです。取りかかってしまえば、あとは勢いで進んでいきます。

ちなみに私は、やるべきことを手帳に書き出して、終わったものから赤ペンで抹消線を引き、末尾に「済」と書きます。「済」と書く時の達成感と解放感に浸りたくて仕事がはかどります。皆さんも、自分が気持ちよくできる方法を工夫してみましょう。

二つ目は、「決まった時間に、決まった行動をする」、つまり習慣をつくることです。一流のスポーツ選手は毎日決まった時間に決まったことをします。羽生結弦選手は毎朝体重計に乗るのが習慣です。イチロー選手は高校時代、毎日10分間の素振りを3年間続

テーマ
規則正しい生活、目標の達成、やり抜く力

ねらい
夏休みにありがちなのは、壮大な目標を立てたために、計画表にあれこれと詰め込んでしまい、結局実行できずに挫折感を味わう、というパターンである。時間をコントロールし、自律的な生活を送ることの大切さと、それを実行するために必要なことは小さな工夫とその継続であることを伝える。

けました。本校の駅伝部の生徒たちも、毎朝7時15分から30分ランニングすることを日課にしています。洗顔や歯磨きを苦痛だと思う人はいないように、同じ行動を同じ時間に繰り返していけば、習慣になり、自分の生活を変えることができます。

最後の方法は、二つ目とは真逆です。新しい習慣をつくるのではなく、今までの習慣を利用する方法です。つまり、「学校の時間割通りに生活する」のです。小学校のときから身につけてきた「時間割通りに生活する」という素晴らしい習慣を夏休みも継続しましょう。6時に起きて、朝食を食べ、8時には机に向かって読書タイム。8時10分になったら一人で朝の会。一日のスケジュールを確認したら、8時25分に1時間目を開始。途中10分ずつの休憩を取り、4時間目が終了。お昼には炒飯を作って食べます。友だちとラインをしてもかまいません。午後は音楽や体育を入れましょう。6時間目が終わったら一人で帰りの会を開き、一日を振り返ります。そして必ず鏡で自分の顔を見ます。引き締まったいい顔をしていますよ。

今年こそは、32日間を自分の力でコントロールし、「〇〇をやり抜いた」と言える夏にしたいものです。

アイデア・ポイント

・夏休みの計画を実行するための工夫として、どのようなことが考えられるか、講話の途中で生徒たちに考えさせる。また、卒業生が取り組んだことなどを事例として挙げると、親近感が湧き、意欲がもてる。
・2学期初めの講話の際に、どんな工夫をしたらうまくいったかを生徒に発表させる。

参考

・タル・ベン・シャハー著、成瀬まゆみ訳『ハーバードの人生を変える授業2』大和書房、2016年

8月

「やればできる」だって!?

夏休みに、ある人がこんな話をしていました。

『『やればできる。』この言葉はとても大切ですね。この言葉があって、私は今までがんばってこられました。」

「やればできる」という言葉を聞いて、皆さんはどう思いましたか？　この言葉を「いいな」と思う人？　思わない人？　よくわからない人？

それぞれですね。いいと思う人が多いかな。

私は、こう思いました。

「納得いかないな。『やればできる』って、それ、何か成功した人が言える言葉じゃないか。成功した人が上からの目線で言う言葉。『もっとがんばれ、お前はもっとできる、手を抜くな！』って。でも、がんばったってできないこともあるんだ！」

私は、ちょっと腹が立ってきました。しかし、そのあとに、その人はこんな言葉を続けました。

「でもね、『やればできる』は、成功をめざすってことではないんです。私は、がんばっても失敗ばかりで、やってもできないことばかり。でも、ずっと挑戦してきました。何に対しても挑戦したら、失敗しても必ず自分が成長します。『やればできる』とは、

テーマ

挑戦することの意義（自己実現）

ねらい

「やればできる」は成功をめざしてがんばらせることではなく、「やれば成長できる」ことであることに気付かせ、2学期に様々な行事や学習に挑戦する気持ちを高めたい。

成功ではなく成長をめざす言葉なんです。挑戦することに価値があるんです。」

　この言葉を聞いて、私は、「やればできる」の本当の意味がわかりました。「やればできる」とは、「やれば成長できる」ということなんですね。成功が大切なのではなくて、挑戦することが大切なんです。失敗してもいい。失敗しても挑戦を続けていると絶対成長できる。そういうことだったんですね。

　皆さんだって、いくらがんばってもできないこともあるでしょう。やってもできないこともあるでしょう。でも、できなくたっていいんです。失敗すること、できなかったことは、皆さんを必ず成長させます。

　2学期にはたくさん行事があります。失敗を恐れずに挑戦しましょう。挑戦して失敗することはとてもよいことです。だめなのは何も挑戦しないこと。

　2学期の皆さんの挑戦に、おおいに期待したいと思います。

アイデア・ポイント

・冒頭の「やればできる」に対する話者の反応は、芝居がかって怒ったように表情豊かにすると効果的である。

8月

男子厨房に入る

先日、世界経済フォーラムが、2022年版の「ジェンダー・ギャップ報告」を発表しました。これは男女平等が世界各国でどのくらい進んでいるかを調査したものです。調査した146ヵ国中、日本は何位だと思いますか。なんと、116位です。

ちなみに、1位はアイスランド、2位はフィンランド、3位はノルウェーと、北欧の国々が上位を占めています。日本は、女性議員や閣僚が少ないこと、また、女性管理職が少ないことや男女の収入に差があることなどから、政治・経済の分野で大きく落ち込んでいます。

学校はどうかというと、昨年度の調査では、県内の中学校の女性校長は、たったの6人。全国46位でした。つまり私はかなり貴重な存在だということです。(笑)

では、男女平等を実現し、誰もが伸び伸びと個性や能力を発揮できる社会をつくるためにはどうしたらよいでしょうか。

我が家の例で恐縮ですが、私は中学校の校長、夫は小学校の校長です。私は部活動の終了を見届けてから帰るので、帰宅時間は私の方が遅くなります。そんなわけで、食事は全て夫が作ります。回鍋肉に青椒肉絲、酢豚に餃子に八宝菜、お味噌汁も漬物もたけ

テーマ

ジェンダー平等

ねらい

社会的、文化的に形成された性差であるジェンダー。ジェンダー・ギャップがあることは、個人にとっても社会にとっても大きな損失である。世界各国のジェンダー・ギャップ指数や個人の体験をもとに、誰もが伸び伸びと個性や能力を発揮できる社会をつくるためにはどうしたらよいかを考えさせる。

のこご飯も、何でも作ります。カレーもルーから作ります。スパイスは20種類以上常備していいます。先日は、圧力鍋で豚の角煮を作ってくれました。実に、「まいう〜!」でした。「料理は科学だ! 想像力だ!」が夫の口癖です。お気に入りの赤いエプロンをして、いつも楽しそうに台所に立っています。おかげで私も思う存分仕事ができます。

夫が自分で料理をするようになったのは8年前です。大きな病気を患い、食事療法をしたことがきっかけです。それからみるみる腕を上げ、今ではレストランの味に近づいています。固定的な役割分業を変えることで、こんなにも個性や能力が花開くものかと感動しています。

男はこうあるべきとか、女はこうあるべきという考え方に縛られて、生き方や働き方の選択肢を狭めるのはもったいないことです。だれもが生まれもった可能性を最大限に伸ばし、自分の能力を社会に貢献するために使うこと、そのためにも、みんなに平等なチャンスがある社会にしていくことが大切なのだと思います。

男子もどんどん厨房に入り、家族のために食事を作ってみてはどうでしょうか。

アイデア・ポイント

・世界各国の順位を、図や表などを使って可視化するとわかりやすい。
・学校や家庭や社会にはどのようなジェンダー・ギャップがあるか、また、それを解決するためにはどうしたらよいかについて考え、実現可能なものを実行させる。

参考

・世界経済フォーラム「Global Gender Gap Report 2022」2022年7月13日
・文部科学省「令和3年度学校基本調査」2021年12月22日

9月①　楽しめる「3みつ」の話

私たちの学校でも密集、密閉、密接を避ける「新しい生活様式」で学校生活を送っています。でも、今日は皆さんに、楽しめる「3みつ」の話をしましょう。みつはみつでも「蜜」の話です。

〈「蜜」と大きく書かれた画像等を提示し、続いて蝶・虫・ハチドリ等が花に触れている画像等を提示する〉

まず、花の「蜜」です。これらの生き物たちが花の「蜜」を求めて集まって来ていることは知っていることでしょう。でも、そもそも「蜜」が花から出ているのはどうしてなのでしょうか。考えてみましょう。

〈桜の葉で包んだ桜餅の画像等を提示する〉

次に、葉っぱの「蜜」です。「蜜」が出ているのは、どうも花だけではないようです。

〈桜の葉の付け根部分の画像を提示する〉

桜の葉はここから「蜜」が出ているのだそうです。でも、この「蜜」を使って甘い和菓子を作るわけではありません。では、この「蜜」は何のために葉っぱから出ているのでしょうか。調べてみましょう。

テーマ

新しい生活様式、知的好奇心の促進

ねらい

①夏休みから学校生活に戻った直後のこの時期に、改めて三密を回避する「新しい生活様式」の意識づけを指導する。
②「みつ」つながりで「蜜」を焦点とする話題で楽しませるとともに、知的好奇心をくすぐり、科学的な事象への興味を広げる。

最後は、とっても身近な「蜜」の話です。口にしたことがあるものですよ。何でしょうか。

〈少し考えさせてからリンゴの画像を提示する〉

実の部分に蜜が入ったリンゴを食べたことのある人も多いでしょう。でも、リンゴの蜜の部分は、名前に反して甘いわけではないそうです。６年生の理科で学習しますが、「光合成」という仕組みが関係しています。光合成により葉で作られた糖は、酵素の働きによってソルビトール（糖とアルコールがくっついた物質）に変化して実に運ばれ、さらにブドウ糖やデンプン等に変わって蓄えられます。実が赤くなる晩秋は寒くなってくるので酵素の働きも低下し、変化できなかったソルビトールが水分とくっついて果肉の細胞からしみ出てきます。これが、リンゴの「蜜」の正体です。でも、この「蜜」は完熟したリンゴではあまり長持ちしないため、そのまま貯蔵（保管）すると、「蜜」は次第に少なくなり、なくなっていきます。とても不思議ですね。

〈「蜜」と書かれた画像等を再度提示する〉

今日は、楽しめる「３みつ」の話をしましたが、密集、密閉、密接を避ける「三密」もまだまだ大切です。今後も「新しい生活様式」での日常が続くことが予想されます。以前のような学校生活や日常生活に戻れるように、一人一人が地道に「新しい生活様式」を続けていかなければなりません。踏ん張りましょう。

アイデア・ポイント

・画像や文字を大きめに提示する。とくに、漢字の「密」「蜜」は大きく提示したい。

参考

・松田喬著、鷲谷いづみ監修『生きるための知恵くらべ　花と昆虫の大研究』ＰＨＰ研究所、２０１３年
・盛口満著『食べられたがる果物のヒミツ』少年写真新聞社、２０１３年
・小池洋男・編、川上和生・絵『そだててあそぼう54　リンゴの絵本』農山漁村文化協会、２００３年

9月②　ネーミングの効果

夏休み中に皆さんがつくった様々な作品が展示され、（授業参観等で）保護者の方々にもご覧に入れる準備ができました。どれも力作ばかりですが、校長先生の目に留まったのは、作品の素晴らしさとともに、カードに書かれた作品名です。

〈作品発表会の会場画像を提示し、いくつかの作品名を紹介する〉

たとえば、低学年では「海の中のいちばんぼし」、「流木の鳥小屋」などがあり、高学年では「天国と地ごくのひみつきち」、「森ゴジラ」などの作品名がありました。これらのタイトルは、「ぜひ作品を見てみたい」「作品の中の世界に入ってみたい」と感じるものがあり、興味をそそられました。

皆さんは、夏休みに限らず学校生活で図工や理科、総合的な学習の時間などを中心にして、実に多くの作品を仕上げています。6年生の修学旅行や5年生の〇〇合宿（宿泊体験活動や校外学習）でも、学校に戻ってから、その行事の成果や思い出を新聞や模造紙にまとめていますね。

作品や新聞には、実用的でわかりやすいタイトルをつけるのが一般的と考えられますが、皆さんのユニークで創意あふれる作品タイトルは、作品の内容はもちろん、タイトルでも見る人を楽しませてくれるものではないでしょうか。

テーマ

相手意識、ねらいの伝達

ねらい

夏季休業中の家庭学習の成果を認めるとともに、日頃から学習活動で制作した際につける何気ないネーミングについて振り返らせ、作品等を仕上げることだけに満足するのではなく、相手意識をもち、作品等を通して自分の思いを伝えようと心掛けながら発表する意欲へとつなげたい。

アイデア・ポイント

・自由研究や成果物を展示する時期に話すと効果的である。

・関心をもって話を聞ける

友だちや見学者に見てもらう、注目されることを意識して、作品のアピールポイントを掲示したり、わかりやすいアナウンスを心がけたりという工夫をすることは、とても大切なことです。

私たちの生活の中には実に多くの商品があり、それぞれに商品名がついています。この機会に、買い物に行った時や、普段から家の中にある商品の商品名にも目を向けてみましょう。「へぇ～、なるほど」と頷いたり、「面白い名前だなぁ」と感じたり、「なぜこんな名前をつけたのだろう」と不思議に思ったりするものがきっとあるはずです。

最後に、作品発表会でユニークなタイトルを見つけたので、紹介して終わりたいと思います。

「鳥の声が聞きたくて…夏」「夏の思い出　おかたづけボックス」です。

〈作品と作品名の画像を提示する〉

ため、できるだけ自校の児童作品が望ましい。

・長期休み明けの作品発表会等がない場合は、日頃の図工や理科、総合的な学習の成果物を写真撮影し、そのタイトルとともに保存して活用すると有効である。

・集会等で紹介する際は、事前に制作児童に声掛けしておく配慮も必要である。

・「〇〇作品発表会」などの他校や他団体の作品にはユニークなタイトルも多い。参考になる作品は撮影して、紹介するのもよい。

9月③

空気

植物が元気に育つためには、よい土が欠かせません。よい土として大事なもの、皆さんは何だと思いますか？

〈何人かの子どもに発言させる〉

「水」「栄養」「微生物」「大きな石やゴミが入ってない」……。

そうですね、どれもとても大切で必要なものですね。

ほかにもう一つ、先生は以前、植物を育てることに詳しい人から「空気」も大事と聞きました。

〈「空気」と書いたパネルを提示する〉

土の中に適度に空気があると、植物は根を広げやすく育ちやすい環境になるのだそうです。先生は最初、「空気」を思いつきませんでした。空気は目に見えないということもあり、花を育てるときにも、わざわざ空気を土に与えたことはありません。大事なものという意識がなかったからです。もしかしたら、いつでも、どこでも、当たり前な存在としてあるために、気づけなかったのかもしれません。

テーマ

学級づくり、思いやり

ねらい

長期休業明けなど、学級経営をリセットする時期に、自分たちの学級は担任のサポートにより、子どもである自分たちがつくりあげるという意識をもたせたい。また、学級の諸問題について、子どもたち自らが考えようとする意欲を喚起したい。

「よい土には空気が必要」と言われたとき、学校生活でも似たような部分があるかもしれないと思いました。それは、学級のことです。よい学級になるために大事なことはいくつかありますが、その一つが「空気」だと思うからです。

〈「子ども」「教室」「空気」と書いたパネルを提示する〉

学級には、担任の先生がいて、子どもである皆さんがいて、教室という環境がありま す。そして、ここに空気が大事な役割を果たします。空気と言っても、この空気は、単に酸素や二酸化炭素ではありません。学級の雰囲気を表す「空気（風土）」、友だちとの距離を意味する「空気（親近感）」、みんなが居心地よく過ごすための「空気（物の配置や空間）」です。それぞれが欠けてもダメでしょうし、逆にキッチリし過ぎてギスギスしていても上手くいかないでしょう。適度なバランスが大切になってきます。

皆さん、ぜひ一度、担任の先生と一緒に学級の「空気」のことを見つめ直してみてください ね。

アイデア・ポイント

- キーワードを書いたパネルを準備する。
- 生徒指導上の諸問題とかかわらせて指導する際には、事後指導のあり方を検討し、校長講話を聞いた感想文等を書かせる。
- 話し合いではない方法で本音を引き出すようにしたい。

9月④

「竹」の話

〈用意できれば実物の「竹」、なければ写真等を提示する〉

皆さんも知っている「竹」は、茎も根も葉も非常に硬い植物です。中でも、茎にあたる幹の部分は、相当強い強風でも折れることが少ないと言われ、かなり頑丈にできています。それは、「竹」の胴体である幹に秘密があります。頑丈な胴体には「節」という部分があり、この「節」のおかげで折れることなく、悠々と伸びていきます。

〈竹の節の画像をクローズアップさせたり、指差したりして示す〉

このように頑丈な「竹」ですが、意外に柔らかい性質ももっています。硬い「竹」が折れずにかなりのところまで曲がるのは、やはり「節」があるおかげです。これらの性質を踏まえて「竹」は「しなやか」という言葉で例えられることがあります。

前期は、さまざまな学校行事や学習活動で忙しく、まさに「光陰矢のごとし」というくらいあっという間でしたが、事故や事件が起こることなく、どの学年も目覚ましい成長を遂げることができました。

〈画像や動画等で振り返る〉

テーマ

節目の大切さ

ねらい

①夏休み等の長期休業日は、児童にとっても節目と捉えやすいが、2期制の前期末・後期始めは、意識の大きな変容は期待しにくいので、意識して伝える。

②節目である数日間の秋休みを大切に取り扱うよう、意欲付けを行う。

全員が節目節目で的確な目標をもって学校生活を送ったからだと思います。毎月や毎週などの小さな節目でも、行事ごとの大きな節目でも、先生方の励ましを糧に皆さん一人一人が目標に向かって歩んで来ました。だから今、安心して前期を締めくくれるわけです。

さて、前期と後期の間にある2日間の秋休み。皆さんにとっても、先生方にとっても、大きな「節」であると考えています。前期の成果と自分の成長を振り返るとともに、後期への元気と勇気を蓄える大切な時間にしたいと思います。

アイデア・ポイント

・年の初め、月の始め、週の始め、一日の始まり等々、節目を生かし時間を大切にして過ごさせたい時にも効果的である。
・竹は実物で見せられるとよい。細い笹竹でも、節目はわかるため、学級や学年分が用意できると理想的である。
・七夕等の竹を活用する郷土の祭りや伝統行事の時期に、郷土や伝統文化という切り口で語ることもできる。

9月①

苦言から吸収する力

残暑がまだ厳しい9月のある日、係長のAさんは商品の説明をするため、C社の社長のBさんを訪ねました。約束の時間よりも15分早く会社に着きましたが、受付で要件を伝えると、社長室に通されました。Bさんは会議で不在だったので、Aさんはソファーに座って、秘書の方が出してくれた冷たいお茶を飲んでいました。

すると、少々年配の上品そうな女性が花を抱えて部屋に入ってきました。社長のBさんの奥様でした。先程、秘書の方がエアコンをつけてくれたのですが、とても広い部屋なのでなかなか涼しくならず、お茶を飲んだら汗がドッと出てきました。ソファーに座って、ネクタイを少し緩めて、襟元をパタパタさせていました。

奥様は花瓶に花を活けていましたが、Aさんのほうを見て、声をかけてきました。

「Aさんだったかしら、お若そうだから、ちょっと聞いてね。他人の家に来て主を待っているときは、椅子やソファーに座らないものなんですよ。そのために壁に絵画がかかっていて、花も活けてあって鑑賞できるようにしてあるんです。覚えておいてくださいね。」奥様はそう言って社長室を出ていかれました。

Aさんは恥ずかしさで顔が真っ赤になりました。その後社長のBさんに商品の説明をしましたが、全く上手くいきませんでした。自分の情けなさと細かいことを言う奥さん

テーマ

生徒指導

ねらい

教師や保護者からの注意を、面倒くさがったりふてくされたりせず、冷静に自分を振り返って素直に受け止めようとする態度を養う。

への怒りで頭の中が一杯でした。

それから10年後、課長になったAさんは、部下とともにD社に製品の説明に行きました。社長室で5分ほど待っていると、社長さんが入ってきて「やあ、君がA課長さんかね。別の会社の人から、A課長っていうのは、相手が来るまで何時間でも立って待っている男だって聞いてるよ。今日はじっくりと話を聞かせてもらうよ。」と言われました。

そうです、Aさんは10年前の「この部屋の主が来るまでは、立って待っているものですよ」という奥さんの苦言を、実践していたのです。苦言を怒りに任せて切り捨てるのではなく、自分の成長につなげたのです。その結果《立って待っている》という行為がA課長の素晴らしい人柄の一つと見なされ、後の仕事に好影響をもたらしたのです。

皆さん、先生方に、家族の人に、注意や忠告をされたこと、たくさんありますよね。言われた直後は恥ずかしくなったり、ムッとしたりするときもありますよね。でも冷静になって考えてみてください。その注意や忠告を言った人は間違っているのですか？あなたにいじわるや嫌がらせをしているのですか？違いますよね。逆に、あなたは言われたことが図星だから恥ずかしく思ったんですよね。皆さんもこのAさんのように「言われたことが正しいな」と思ったら、実践して自分の成長につなげていってください。

アイデア・ポイント

・校長自身の指導を受けたときの体験談を混ぜてもよい。
・生徒に自分のことを振り返らせる時間を確保してもよい。
※このエピソードは、著者自身の体験をもとに構成した。

9月②

技術は心の上に

A君は小学校5年生で、学校のソフトボールチームに入りました。学校での数日間の練習を経て、A君のポジションはファーストになりましたが、同じポジションに6年生のB先輩がいました。打力ではA君が勝っていましたが、守備はB先輩がうまく、とくにショートバウンドの捕球は、B先輩の方が断然上手にできました。

A君はB先輩が使っているファーストミットが羨ましくて仕方ありませんでした。A君は普通のグラブを使っていたため、B先輩がきれいにショートバウンドを捕球できるのは、ファーストミットを使っているからだと思っていました。

A君は近所の同級生の二人にショートバウンドの球を投げてもらって、捕球の練習をしました。しかし、うまくいきません。受け損ねた球は容赦なく左腕に当たるので、アザだらけになります。やっぱり、普通のグラブじゃ無理だ、と思ったA君は、父親にファーストミットを買ってほしいと言いました。すると父親はA君のグラブを指さして言いました。

「泣いてるぞ、お前のグラブが『下手だから捕れないのに、それを自分のせいにされた』と言って、泣いてるぞ。」

A君はカッとなり、「もういいっ」と怒鳴って、レギュラーになるのは半ば諦めなが

テーマ

技術を習得するための心構え

ねらい

①運動部でも文化部でも、最新のかっこいい道具やウエアを欲しがる。それを使わないとうまくなれないという安直な考えを戒める。

②基礎的・基本的な技術は、苦労して身につけた方が、その後の伸びや発展につながることを理解させる。

らも、翌日からまた同級生と練習を始めました。

練習を重ねていくと、だんだん捕球するコツみたいなものがわかってきました。グラブを出すタイミングとグラブの角度です。そんな時に父が声を掛けてきました。

「俺の投げるショートバウンドを捕れたら、ファーストミットを買ってやるぞ。」

数日後、父の投げるショートバウンドを捕ることに挑戦しました。父も昔、野球をやっていたので、友人の投げる球よりも勢いのあるボールを投げます。10球のうち、4球しか捕球できませんでした。父は「まだまだだな。ファーストミットが欲しいか?」と尋ねてきたので、A君は「まだ、いらない」と答えました。

さらに数日経った朝、枕の横に紙袋に入ったファーストミットがありました。母が「お父ちゃんはね、これを数ヵ月も前から買ってきていたんだよ。あいつならきっとグラブで捕れるようになるけど、これならもっと確実に捕ることができるからってさ。」

道具で捕るんじゃない、技術で捕る。ただし技術は、我がままを言わずに練習を積み重ねて、捕ろうと努力する心にしか宿らないことを、A君は父に教えてもらいました。

アイデア・ポイント

・ファーストミットと普通のグラブ等、実物や映像を見せて説明するとわかりやすい。
・練習に付き合ってくれた友人への感謝についても言及したい。
※このエピソードは、著者自身の体験をもとに構成した。

9月③ 命を守るための行動力

教員Aさんが、海外派遣プログラムでアメリカのボストンを訪れたときの話です。参加した日本人4人が同じホテルに2部屋に分かれて宿泊しました。21時頃、突然ホテルの非常ベルが鳴りました。館内放送はありません。炎はもちろん煙の気配もありません。洗面台にいたAさんは同室のBさんに聞きました。「どんな様子かわかる？　火事じゃなさそうだよね。」「そうだね、誤報なんじゃないの。」Aさんは隣室のCさん、Dさんにも電話で聞いてみました。「我々もよくわからないんだ。しばらくこのまま様子を見るよ。」Aさんは避難したほうがよい気もしましたが、皆に合わせ、4人ともしばらく部屋に留まっていました。

しかし、10分経っても非常ベルは鳴りやみません。CさんからAさんに電話がかかってきました。「何か、まずいぞ。外見ろよ。人がたくさん道路にいるぞ。」4人は、すぐにパスポートや財布などの貴重品を持って外に出ました。道路に宿泊客が集まっていて、バスローブ姿の人や、裸で腰にバスタオルを巻いているだけの人もいました。一番遅く避難したのがAさんたちだったようです。

結局、非常ベルは誤報でした。しかし、4人の日本人はすぐに避難した外国人たちの姿を見て、自分たちの危機意識の低さを痛感したそうです。

テーマ

防災教育

ねらい

①災害に遭った場合、自分の命は自分でしか守れないこと、そのためには積極的な避難者にならなければならないことを理解させる。

②安全ボケしていると、さまざまなバイアスがかかるが、意識してそのバイアスを取り払い、積極的に避難することの重要性を理解させる。

４人はなぜ逃げるのが遅くなったのでしょうか。その原因に、二つのバイアス（先入観、偏見、思い込み）が挙げられます。

一つ目は正常性バイアス。これは、自分にとって都合の悪い情報を無視したり、過小評価したりする特性です。火災などにより自分の命が危機にさらされている、でもきっと大したことはないと、根拠もなく思い込むことです。Ｂさんの「誤報なんじゃないの」という言葉から、このバイアスにかかっていることがわかります。

二つ目のバイアスは、多数派同調バイアスです。過去経験したことがない出来事が身の周りに起きたとき、その周囲に存在する多数の人の行動に自分の行動が左右されてしまうことです。多くの人の判断に従ったほうが正しいだろう、と考えることです。隣室のＣさん、Ｄさんが部屋に留まる選択をしたことで、Ａさんはそちらの選択肢に流されたのです。

中学校生活だけではなく、進学先、就職先など、いつ災害に遭うかわかりません。その時に、二つのバイアスを思い出し、それを頭から振り払い、最悪の事態を想定して積極的に避難するよう心掛けてください。自分の命は自分で守るしかないのです。

アイデア・ポイント

・２００３年の韓国地下鉄火災事故などを例に出してもよい。
・非常ベルが鳴った場面で生徒たちに自分ならどうするかを考えさせる時間を設けるのもよい。

参考

・防災教育副読本『明日に生きる（高校生用）』24～25頁「避難行動における心理的特性」兵庫県教育委員会、２０１３年３月改訂

9月④

メタ認知で成績アップ

授業中あるいは家庭学習で、生徒の皆さんはどのような工夫をして学んでいますか。「頑張って勉強しているのに、成績が上がらないなぁ」と感じている人はいませんか。それは、勉強の仕方が自分に合っていないのかもしれません。成績アップには、「授業への集中」と「計画的な勉強」がポイントです。

さらに、今日は新たな工夫として、「メタ認知」を提案します。「メタ認知」の「メタ」には、より次元が高いという意味があり、「メタ認知」とは、自分の行動、考え方、性格等を別の立場から見て認識する、ということです。つまり、自分を客観視して、自分が何を知っていて、どれだけ理解しているかなどについて自分自身が認識することです。

よく先生が「分からないところがあったら質問してください」と言っても誰も質問しない、「〇〇さん、どこが分からないの?」と尋ねると、「全部!」と答える。一見不真面目な状況に見えますが、決してそんなことはないんです。そう、「分かっているところが分からない」、言い換えると、「分からないところが分からない」のです。だから全部分からないし、質問もできません。勉強って何だろうと考えると、それは分からないところを分かるように学ぶことです。ということは、分からないところが分からないと

テーマ

学習の仕方

ねらい

①新学習指導要領の下、考えて発信する能力が求められていることを理解させる。さらに、学んだことを自分の言葉で説明することが学力の定着につながることを理解させる。

②学びは授業中に大きく広げるが、最後は個に収束させなければ学力につながらないことを教諭にも再確認させる。

勉強にならないことになります。分からないところを無視して、分かるところだけ繰り返し練習しても、あまり成績は上がりません。

では、どうすればうまくできるでしょうか。一番良い方法は、「今学んだことを、自分の言葉でうまく説明できる」ようにすることです。授業の直後は「分かったつもり」の段階。説明できて、つまりアウトプットできて初めて「認知」となります。授業の振り返りの時間で、今日の要旨を友だちに分かるように説明できるくらいしっかり理解するぞ、という気持ちで授業に臨まなければなりません。そうすると、授業への姿勢も変わります。とくに、英語、数学等の積み上げ教科は、一度分からなくなると、その後の理解が難しくなります。

数学の例を挙げましょう。本時の課題が1年生で習う「加法と減法が混ざった計算はどうすればよいか」であれば、時間の最後に「全て加法に直してから計算すればいい。その後は、交換法則や結合法則を使うとより計算しやすくなる」と自分の言葉で学んだことを整理して、友人に説明しているつもりで例題を解いてみると完璧です。では、2年生の数学の乗法と除法の混じった計算だとどうでしょう？　そうですね。「全て乗法に直してから計算すればいい。さらに、分数の除法の場合は逆数にして乗法にする」となります。

メタ認知を実際にやろうとすると意外と大変かもしれませんが、ぜひ積極的に挑戦して、勉強の仕方を工夫していってください。

アイデア・ポイント

- 例を挙げて具体的に説明すると分かりやすい。
- 教科によっては「自分の言葉で」に付け加えて、「学んだキーワード」を使って説明すると変えてもよい。

参考

- 『大辞林 第四版』三省堂、2019年

10月①　「ちいさい秋」

夏休みが終わってひと月が経ち、大分涼しくなりましたね。

最近、朝起きた時にセミの声ではなく、草むらで鳴く虫の声が聞こえたり、学校に行こうと家を出た時の空気が心地よいなどと感じたりすることはありませんか？

校長先生が小さい頃にもよく歌った歌で、「ちいさい秋みつけた」という歌があります。

〈♪「ちいさい秋みつけた」の最初の部分を流す〉

「聴いたことがある！」という人もいるようですね。寂し気なメロディと伴奏で、夏の明るい空や空気とは少し違う雰囲気を感じさせてくれます。

昔の人が詠んだ和歌には、次のようなものもあります。

〈短歌を書いたスライドを映す〉

「秋来ぬと　目にはさやかに　見えねども　風の音にぞ　驚かれぬる」

藤原敏行（古今和歌集）

少し難しいですか？「秋が来た、とはっきり目に見えたわけではないけれど、夏とは違う風を感じて驚いた」という意味だそうです。

テーマ

四季の変化を感じる

ねらい

日本人が昔から四季を豊かに感じ楽しんだことを知ることを通して、生活の中で季節の変化を感じ自然との関わりを楽しむ豊かな感覚を育てたい。9月下旬～10月上旬頃の季節を表した歌や俳句等を調べる活動にもつなげられるとよい。

アイデア・ポイント

・「ちいさい秋みつけた」の歌は、自分で口ずさんでもよいし、CDでBGMとして流してもよい。また、短歌を書いたスライドを映したり、短冊を

高学年の人は「気配」という言葉を知っているかもしれませんね。ほんのわずかな風の違いに、季節の変化を感じたということです。風の向きや強さ、もしかしたら、作者は、風が運んでくる香りも感じたのかもしれません。

私たちが住んでいる日本には、春・夏・秋・冬の四つの季節があります。昔から日本人は、木や葉っぱの色、花の香り、虫の声などの変化を敏感に受け止め、歌や詩、絵、そして俳句等に表して楽しんできました。

〈学校の周りや屋上の写真を映す〉

最近は、エアコンのおかげで、どの季節もだいぶ過ごしやすく、変化を感じにくくなっていますが、それぞれの季節の良さや移り変わる様子を体の感覚で感じることができると、心も豊かになるような気がします。校長先生は、日曜日に散歩をしていて優しいキンモクセイの花の香りに出会い、思わず深呼吸をしました。なんだかとても温かい気持ちになりましたよ。

皆さんも、学校の行き帰りや出かけたときなど、「ちいさい秋」を見つけたら、よく見て感じてください。そして、どのような秋か、担任の先生や学級の皆に教えてあげてください。少しずつ進む季節の様子を感じて、俳句をつくってみるのもいいですね。俳句ができたら校長先生に教えてください。楽しみにしています。

示したりすることも有効である。

・話の後、校長室前等に、秋をテーマにした歌の歌詞や俳句等を掲示しておくと、児童の関心がより高まる。この内容については、季節ごとに扱うと、自然の移り変わりに関心をもつ児童が増える。

出典

・「ちいさい秋みつけた」サトウハチロー作詞、中田喜直作曲

・塚本哲三 校『古今和歌集・後撰和歌集』有朋堂書店、1926年

10月②

10月10日「目の愛護デー」

皆さん、10月10日は、何の日か知っていますか?

まず、少し前までは、体育の日でした。これは、1964年にオリンピックが初めて東京で開かれたとき、開会式が10月10日に行われたことを記念して祝日とされたそうです。校長先生が調べたところ、この日はそのほかに銭湯(1010)の日、トマトの日でもあるそうです。その中から、今日は「目の愛護デー」についてお話しします。

「目の愛護デー」は、今から70年ほど前に定められました。「10」と「10」を横に倒して見ると、眉と目のように見えますね。それで、10月10日になったそうです。

〈「10」「10」のスライドを映し、途中で向きを変えて「目」を表す〉

元々は《視力を保護しましょう》という日でもあったそうですよ。毎日いろいろなことをするときに使う大切な目です。時には《ゆっくり休めて、気遣ってあげましょう》という日なのでしょうね。

皆さんは、自分の目を大切にしていますか? 勉強やゲームをするとき、どのような姿勢でいるでしょうか。

〈姿勢に関するスライドを映す〉

テーマ

目の愛護デー

ねらい

①10月10日の「目の愛護デー」の意味を知り、自分の目を自分で守ろうとする意識を育てる。

②一人一台端末が配付され、活用する機会も増えている。改めて、子どもたち自身に何に気をつけるかを考えさせたい。

ノートやパソコンとの間が近すぎて注意されることはありませんか？　一日で視力が悪くなることはありませんが、いつも悪い姿勢で何かを読んだり見たりすると、だんだん遠くを見る目の力が弱くなってしまいます。背筋を伸ばして椅子に座り、まっすぐ机に向かって学習するようにしましょう。

一人一人に配られたタブレット端末を活用して、オンラインで朝の会や学習をすることが増えました。端末を使って家で課題や自由勉強をしている人も、とても多いと思います。1年生も6年生も、タブレットを使うことに大分慣れてきて、休み時間にタイピングの練習をしている人もいますね。皆とても頑張っていると思います。

ただ、集中するのはいいことなのですが、ずーっと画面を見ていると、これも目には良くありません。20～30分に一度、画面から目を離して遠くを眺めたり目を閉じて休めたりすることが大事なのだそうです。

目が疲れると、頭が痛くなったり肩が凝ったりして、イライラの原因にもなるそうです。「眉間」といって、目と目の間にしわが寄ってしまい、目つきが悪くなることもあります。そんなことにならないよう、気をつけましょう。

目は、皆さんが大人になってからもずっと長く使います。姿勢や使う時間に注意をして、大切にしましょう。

アイデア・ポイント

・「10」「10」のスライドを用意し、スライド上で向きを変えて「目」を表していることを視覚でも理解できるようにする。
・授業中や家でタブレットに向かっている時などの良い姿勢と良くない姿勢のイラスト・写真をスライドで示し、低学年にも内容が理解しやすいよう工夫する。

10月③ あいさつ

おはようございます。

早速ですが、皆さんに質問です。今、「おはようございます」と朝の挨拶をしましたが、あなたは、今朝、起きてから今まで「おはよう」や「おはようございます」を何回言いましたか？ 心の中で数えてみてください。もちろん《相手に聞こえる声で》ですよ。

さっき、校長先生の挨拶に応えた「おはようございます」も一回に数えましょう。

さあ、どれくらいでしょうか。指を使って数えている人もいますね。家の人や兄弟、登校時の見守りスタッフさんや6年生、お友だちや先生…。30回くらい？ 50回？ もっと多い人もいますか？ すごいですね。そういう人は、後で校長先生に教えてくださ い。え？ 校長先生ですか？ 朝、たくさんの1年生や2年生と挨拶したので、150回くらいでしょうか。


ところで、その「おはよう」の挨拶ですが、皆さんはどんな気持ちで言っていますか？ 「挨拶しなさい」と家の人や先生に言われているから、仕方なく言っている人？ 言うと気持ちいいから、自分から進んで言っている人？ それぞれいると思います。

不思議なもので、初めのうちは仕方なく挨拶していても、だんだん習慣になり、当た

テーマ

あいさつ

ねらい

10月中旬、校内で児童会を中心とした挨拶運動を行う時期に合わせ、気持ちよい挨拶が周りの人とのコミュニケーションに良い影響を与えることを知り、自主的に挨拶しようとする意識を育てる。日頃、家族や友だちとどのくらい挨拶しているかを数えてみることで、友だちと比較したり目標を定めたりすることに繋げられる。

り前のように挨拶できるようになると、周りの人と温かい気持ちで関わることができるようになります。挨拶は、人と人とが関わるための大切な言葉なのです。

「おはよう」「いってきます」「ただいま」「いただきます」「ごちそうさま」「ありがとう」……いろいろな挨拶がありますね。どの挨拶も、相手の顔を見て、心を込めて言うと、気持ちが伝わります。「ありがとう」や「こんにちは」は、笑顔で言うと、その後、周りの人との話がうまくつながりますし、失敗をして謝るとき、ふてくされて「ごめんなさい」と言っても、相手の人はそのことがわかるので、謝ったと思ってもらえません。つまり、挨拶は、自分の気持ちを伝える大切な言葉なのですね。

今日から、〇〇年度の挨拶運動が始まりました。今週は、6年生が門の所で毎朝皆さんに「おはよう」の挨拶をします。学校でも家でも、挨拶をするチャンスはたくさんあります。ぜひ、自分から、相手に気持ちが伝わる声と言い方で言ってみましょう。

〇〇小学校が、気持ちのこもった挨拶で一杯になると嬉しいなあ、と思います。

アイデア・ポイント

- オンラインや放送で朝会を行う場合、児童の直接的な反応を得にくいので、数を数える間（ま）を十分に取るようにする。
- また、自校の挨拶の状況に応じて、一つの挨拶の言葉を言い方を変えて言ってみて、その印象を児童に考えさせるなど、児童の意欲が高まるような働きかけをするとよい。

10月④

自分の世界を広げる

今日は、ことわざを一つ紹介します。

「井の中の蛙（かわず）大海を知らず」ということわざです。

〈書いた紙またはスライドを提示する〉

どんな意味か、高学年の人はわかるでしょうか。

「井」は、井戸のこと、井戸って何のことかわからない人は、後で担任の先生に聞いてみてください。「蛙」はカエルですね。「大海」とは、広い海のことです。

さぁ、どういうことかわかってきましたか？

井戸の中で生まれて育ったカエルは、その世界しか知りません。だから、家族やとても親しい仲間と過ごしているのだと思います。きっと穏やかで、平和なのでしょうね。

もしかすると、自分は仲間の中で一番頭が良かったり、ジャンプ力が一番だったりして「一番だぞ！」と自信をもっているかもしれません。仲良しの友だちがいて「嬉しいなぁ」とも思っているでしょう。

でも、井戸の外には、とても広い世界があって、たくさんの他のカエルがいます。きっと自分より賢いカエルや、もっと高くジャンプするカエル、泳ぎの上手なカエルがい

テーマ

自分の世界を広げる

ねらい

①古くから伝わることわざ「井の中の蛙大海を知らず」を知り、今の自分を振り返ることを通して、新たな一歩を踏み出そうとする意欲を高める。

②一年の半分が経ったこの時期は、学級や仲間との関係が落ち着いてくる頃である。その状況をさらに高めるため、新しいことに挑戦したり仲間との関係を深めたりしようとする気持ちを育てたい。

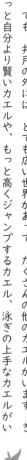

ることでしょう。「広い世界に出ると、自分が一番ではなくなるから嫌だなぁ」とか、「けんかをしないで済むから、ずっと井戸の中の今の世界がいいなぁ」というカエルもきっといることでしょう。でも、一番ではなくても、たくさんのカエル仲間に出会い、今まで気づかなかった自分の力に気付くかもしれません。広い海や世界、他の動物を見て、もっともっと勉強したいと思うこともありそうですね。

私たちも同じです。４月に進級して新しい仲間や先生と出会い、ちょうど一年の半分くらいが過ぎました。初めのうちは、この仲間との生活がどうなるかわからずにドキドキしていたと思いますが、新しい仲間と出会い、親しい友だちができたり、新しい自分を見つけたりすることができたと感じている人も多いのではないかと思います。

もし、まだ「新しい友だちや自分に出会えていない」と感じている人は、思い切って仲間に話しかけたり、先生に質問したりしてみましょう。新しい世界に勇気をもって飛び込むと、きっと素敵なことが待っています。

皆さんが勇気をもって自分の世界を広げる一歩を踏み出せることを、校長先生は楽しみにしています。

アイデア・ポイント

・ことわざは、聞いただけでは理解しにくいため、書いたものやスライドなどを提示する。イラストを添えることも有効であろう。

・ことわざに使われている言葉の意味も、低学年では知らないことが多いので、必要に応じて説明を加えることがポイントの一つである。日頃担任から聞いている《チャレンジしている子どもたち》の様子などを加えて話すことで、話の内容をより身近に感じさせることができる。

10月⑤

美しい心

秋が大分深まってきました。学校の周りの木々の葉が少しずつ色が変わっていることに気付いている人もいることでしょう。

ところで、皆さんが美しいなぁと思うものは何ですか。いろんな色の花や葉っぱ、夕焼けや星空など、目に見えるものでしょうか。

『花さき山』というお話があります。あやという女の子が、山菜を採りに入った山で道に迷い、山奥の花いっぱいの場所で山姥（やまんば）に出会う場面を、読んでみます。

〈絵本の表紙を見せ、花が咲く理由の場面を読み聞かせる〉

「…（略）…この花は、ふもとの村のにんげんが、やさしいことをひとつするとひとつさく。あや、おまえのあしもとにさいている赤い花、それはおまえがきのうさかせた花だ。きのう、いもうとのそよが、『おらサもみんなのように祭りの赤いべべかってけれ』って、あしをドデバタしてないておっかあをこまらせたとき、おまえはいったべ、『おっかあ、おらはいらねえから、そよサかってやれ』…（略）…」

自分の気持ちを抑えて誰かに譲ったり何かをしてあげようとする心は、とても美しい

テーマ

美しい心

ねらい

①絵本を通して、目には見えない「美しい心」について考えさせる。

②自分の周りにも「美しい心」や「相手を思いやる行為」があることに気付かせる。

③目に見えない「心」を、物語の世界などに触れさせることで深く感じ取らせたい。

なぁと、この本を読むたびに校長先生は思います。相手を思いやる心は、その代わりに何かをしてほしいと思うものではありません。「その人が困っている様子を見ると自分も悲しい気持ちになる」、「みんなが笑顔でいると嬉しい」といった気持ちがあると、自分は我慢してでも自然に譲ったり温かい声をかけたりすることができるのだと思います。そしてそのことは、自分は気付かなくても周りの誰かがきっと見ていて、「素敵な人だなあ」と思ってくれたり、どこかで不思議できれいな花を咲かせたりしているかもしれません。

皆さんの周りにも、目には見えないきれいな花を咲かせている人がいませんか？　もしかしたら、昨日、自分がきれいな花を咲かせたかもしれないと思っている人もいるでしょうか。○○小学校の一人一人が、毎日きれいな花を咲かせているから、今日もみんなが元気なのかもしれません。

校長先生も、○○小学校にある不思議できれいな花が咲いている場所を探してみようと思います。見つけたら教えてくださいね。

今週も、元気に頑張りましょう。

アイデア・ポイント

・挿絵が美しい絵本等を用いて、紙芝居を読み聞かせるように情感豊かに概要を提示すると有効である。

・本の内容をもとに、児童の周りにも同じような「美しい心」がきっとあることを伝えることで、改めて周りを見直す機会にさせるとともに、自分にも美しい心がきっとあることに気付かせたい。

出典

・斎藤隆介・作、滝平二郎・絵『花さき山』岩崎書店、1969年

10月①

他者を尊重する精神

10月の国民の祝日といえば、「スポーツの日」ですね。

「スポーツの日」は、以前「体育の日」という名称でしたが、今から〇年前（２０１８年）に改められました。「スポーツの日」の意義は何か、皆さんは考えたことがありますか。実は、「スポーツを楽しみ、他者を尊重する精神を培うとともに、健康で活力ある社会の実現を願う」ことにあります。（＊）

「スポーツを楽しむ」というのは、皆さんもよく理解できると思います。保健体育の授業や体育大会、クラスマッチ等の行事、部活動などを通して、皆さんはスポーツを楽しんでいると思います。ただ、「他者を尊重する精神を培う」ことを私たちは意識しているでしょうか。つい忘れてしまってはいませんか。でも、これはスポーツにとってとても大切なことなのです。

そのことを改めて思い起こさせてくれたのが、２０２１年の東京オリンピックでした。新型コロナウイルスの感染拡大で史上初の一年延期となり、大部分の会場が無観客となるなど、異例ずくめの大会でした。しかし、その中で選手たちは、国籍や人種などの違いを超えて競い合い、互いを認め合うスポーツマンシップを発揮しました。皆さんは、どの競技が一番印象に残っていますか。私が一番印象に残っているのは、オリンピック

テーマ

他者尊重

ねらい

「スポーツの日」の意義を伝える中で、「他者を尊重する精神」の大切さを理解させる。

アイデア・ポイント

・以前、「体育の日」とされていた10月10日前後に話をするとよい。10月10日は、１９６４年の東京オリンピックで開会式が挙行された日であることを知らせてもよい。

・スケートボードの画像を見せることで、若い力が弾けた東京２０２０オリンピックを思い起こさせ

初採用となったスケートボードの競技です。

〈スケートボードの画像を提示する〉

転倒した岡本碧優（みすぐ）選手のもとに、アメリカ、オーストラリア、ブラジルの選手らが駆け寄り、岡本選手を担ぎ上げました。また、金メダルを取った13歳、西矢椛（もみじ）選手は、失敗しても笑顔で戻ってきたかと思えば、いい演技をしたほかの選手を称えていました。また、スケートボードの選手たちは、よく転びましたが、そのたびに励まし合っていました。そこに国境はなく、年齢の差もありません。あるのは、一人一人へのリスペクトだけです。オリンピック憲章にある「友情、連帯、フェアプレーの精神」を強く感じました。

「他者を尊重する精神」、これは、もちろんスポーツの世界だけで求められているものではありません。日常生活の中でも大切にされなければならないものです。自分とは違う人を、自分とは違うからこそ認め合い、尊重し合っていきたいですね。そうすることによって、この学校は誰もが安心して過ごせる学校になります。これからの生活で、今まで以上に、一人一人を認め合い、尊重し合っていけるよう願っています。

る。

・「オリンピック精神においては友情、連帯、フェアプレーの精神とともに相互理解が求められる」（オリンピック憲章2021年版・英和対訳「オリンピズムの根本原則」より）ことを理解させると、より共感を得られやすい。

＊注

・国民の祝日に関する法律第2条より

10月②

問題を発見する能力

最近、「AI」の話題をよく聞くようになりました。皆さんは、AIって何だか知っていますか。そうです、人工知能、「Artificial Intelligence」の略称です。近年、コンピュータの性能が大きく向上したことにより、機械であるコンピュータが「学ぶ」ことができるようになりました。それが現在のAIの中心技術、「機械学習」です。このようなAI技術により、翻訳や自動運転、医療画像診断や囲碁・将棋といった人間の知的活動に、AIが大きな役割を果たしつつあります。そのため、AIが私たちの生活にもっと使われて便利になるよう、色々な分野で研究が進められています。その研究は、人間の知性だけに留まらず、感性の分野にも及んでいるようです。

〈M-1グランプリの画像を提示する〉

皆さんは、漫才日本一を決める「M-1グランプリ」を知っていますか。筑波大学の真栄城哲也（まえしろてつや）教授は、「人は何に面白さを感じるのか」というテーマに関心をもち、漫才の面白さをAIで解明する研究を行っています。

過去に開催された「M-1グランプリ」のデータを解析してAIに学習させ、それらのデータに基づいて漫才を評価する人工知能システムを開発しました。漫才の内容の意味を扱わずに、「しゃべる速さ」や「観客を笑わせる要素の配置」など、客観的に測れ

テーマ

問題発見能力

ねらい

近年の急速なAI技術の革新のなかで、「問題を発見する能力」を身につける必要性を実感させる。

アイデア・ポイント

・M-1グランプリの画像を見せることで、笑いが人間の健康にもたらす効果に触れるのもよい。
・真栄城哲也教授（筑波大学）は、漫才を評価するにとどまらず、現在はAIを活用した漫才台本の創作にも挑戦していることを紹介したい。その漫才をロボットが実演した

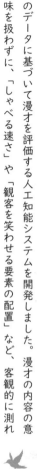

る6項目の値を点数化して評価に結びつけているそうです。○年前の「M-1グランプリ2015」も、このシステムを使って決勝戦進出の8組の動画データを解析させたところ、予測対象に入っていなかった敗者復活組を除く上位3組の順位をAIがビッグデータの手法を用いて予測し、みごと的中させました。素晴らしいですね。

こんな話をすると「AIが人間の能力をいつか超えるのでは?」と、不安な気持ちになった人もいるかもしれません。人工知能が人間を超えるまでにどのくらいかかるのかは、専門家の間でも議論が分かれるところです。あと50年かかるという人もいれば、200年かかるという人もいます。そもそも人間を超えることはありえないという人たちもいます。

《人間を超えられない》という主張の理由は、AIはこれまでにやったことがないものはつくれないということにあります。AIは、現状にある問題を発見し、全くの白紙からアイデアを生み出すことはできないのです。たとえば、AIに「高齢社会に向けて、役に立つものをつくってほしい」と言っても不可能です。もっと身近な例でいうと「携帯電話にカメラをつける」といった革新的な発想も、実はAIにはできません。そう考えると、私たちが大切にしなければならない能力が、自ずと明らかになります。それは、そもそも現状にはどんな問題があるのかを発見する能力です。AIは、問題を解くことはできても、問題を作ることは得意ではありません。AIに取って代わられない力をこれからさらに養っていきたいですね。

場合、慢性疾患患者の健康状態の向上につながるのかを研究しているそうである。

・今後、AIが人間を超える分野が増えてくることは間違いないが、あくまでも人間がつくり出した道具の一つだと捉えさせたい。

参考

・真栄城教授の研究室HP
(研究内容)

10月
中学校

10月③ 自分探し

秋といえば、真っ先に思い浮かぶのは、何でしょうか。スポーツの秋、食欲の秋、そして読書の秋でしょうか。最近は、日が暮れるのがずいぶん早くなりました。学校の部活動が終わって帰宅する際も、ずいぶん暗くなってきましたね。そんな秋の夜長に、読書はいかがでしょう？　読書週間は、10月27日～11月9日です。

〈読書週間のポスター画像を提示する〉

この中にもありますが、昨年（2021年）の読書週間の標語は、「最後の頁を閉じた　違う私がいた」です。素敵ですね。この標語は、ひと言で読書の意義を表しています。

読書には、どのような魅力があると思いますか。改めて考えてみましょう。今の世の中、デジタルな画面をググってみれば、鮮やかで新鮮な情報がすぐさま手に入ります。しかし、どんな色だろう、どんな表情だろう、どんな場所だろう…と自分で想像し、感じることができる世界が、本の中にはあります。中学生だからこそ思う、中学生だから感じる、中学生だから考える。読書には、そんな魅力があります。

読書をすると、文字や言葉だけで何かを思い浮かべます。たとえば、糸偏に非常階段の「非」と書いて、「緋」（ヒ、あか）と読みます。「濃く明るい赤」という意味です。

テーマ
自分探し、読書の意義

ねらい
おすすめの本を紹介することを通して、読書の意義を改めて実感させる。

この言葉から、皆さんはどんな色を思い浮かべるでしょうか。山に溶け込む夕日が染めるオレンジっぽい赤を思い浮かべる人もいるでしょう。また、太陽のような真っ赤を思い浮かべる人もいるでしょう。人によって感じるものが違い、全く違う色になることもあります。想像すると、いろいろなものが見えてきて、それが面白いのです。

その他にも、読書をすると、今まで自分があまり触れてこなかった知識に出合うこともあります。また、過去の人の考えに出合うこともできます。その人が生きた時代に見えたもの、感じたもの、場所、社会や世の中が見えてくるのです。

どうですか？　今すぐにでも本に手を伸ばしたくなりませんか？

そんなあなたに、今日はおすすめの一冊を紹介します。それは、ヨシタケシンスケさんの絵本『ぼくのニセモノをつくるには』です。

〈絵本『ぼくのニセモノをつくるには』を提示する〉

けんたくんは、やりたくないことをやらせるために、おてつだいロボを買います。ロボは、完璧なニセモノになるために、けんたくんのことをあれこれ知りたがります。自分らしさって？　人からどう思われてる？

「じぶんのことをかんがえるのって　めんどくさいけどなんかちょっとたのしい気もする。」（前掲絵本より）

自分探しの旅は、どうなっていくのでしょうか。後は、実際に読んでみてください。本校の図書館にも置いています。皆さんが最後の頁を閉じたとき、違う自分に出会えるよう願っています。

アイデア・ポイント

・読書週間のポスターを見せることで、標語に込められた読書の意義に気づかせる。

・おすすめの本は別の本でも構わない。中学生のうちにぜひ読んでほしい本を紹介したい。また、紹介する本は、図書館に置くか、各教室に配架しておきたい。

参考・引用文献

・ヨシタケシンスケ作『ぼくのニセモノをつくるには』ブロンズ新社、2014年

10月④

情熱と行動力

1964年11月8日、この日は何の日かわかるでしょうか。ちょっと難しいですね。では、ヒントを出します。この年の10月10日に東京オリンピックの開会式が行われました。そうです。東京パラリンピックの開会式が行われた日です。21ヵ国の車いすの選手が集い、日本からの出場者は53人でした。その人たちは、ほとんどが国立病院・療養所の患者や訓練生で、仕事をしていたのは自営の5人だけ。一人で外出もかなわず、ましてスポーツなどとは全く縁がないのが、当時の障害者たちが置かれた状況でした。

そこに風穴を開けたのが、東京パラリンピックだったのです。そして、この最初の一歩を踏み出すのに大きな役割を果たしたのは、一人の医師、中村裕（なかむらゆたか）さんでした。中村さんは、1927年、大分県生まれ。国立別府病院の整形外科医だった1960年、イギリスの病院を訪れ、衝撃を受けました。日本でなら再起不能とみなされそうな患者が、半年ほどで退院し、社会復帰を果たしていたからです。

その秘訣は、スポーツにありました。車いすで卓球やバスケットボールに打ち込み、リハビリ効果を上げていました。「失ったものを数えるな。残されたものを最大限に生かせ」と指導を受けたグットマン博士の理念を体現しようと、帰国直後から奔走し、障害者体育大会を開きました。「無茶なことを」「選手がけがをしたらどうする」と批判が

テーマ

情熱と行動力

ねらい

「日本パラリンピックの父」と呼ばれる中村裕さんを紹介することを通して、パラリンピックの意義に気づかせる。

あっても動じませんでした。中村さんには「これは間違いなく患者のためになる」という確信があったからでしょう。そして、1964年の東京パラリンピックでは、団長を務めました。この間に日本身体障害者スポーツ協会も生まれ、多くの人々の手によってこぎつけた開催だったとはいえ、中村さんが推し進めた数々の活動が最大の原動力になったのは間違いありません。その時37歳。若き医師の情熱が、日本のパラリンピック運動の扉を開いたのです。

〈東京2020パラリンピックの画像を提示する〉

2021年の夏には、2回目の東京パラリンピックが開催されましたね。体を目一杯使い、動きに工夫を凝らして、自らの可能性に挑む。そんなパラリンピアンたちの姿は、障害や世代、性別、国籍を超越した人間の「個」としての尊さを伝え、一人一人の違いを認め合うことの大切さを私たちに教えてくれました。

眼鏡をかけている人は、眼鏡を外した途端、歩くのもままならなくなります。老いると視力が衰え、足腰が弱くなります。私たちは、誰もが体に障害をもつ可能性と地続きの世界にいます。そのことに改めて気づかせてくれたのが、パラリンピックではないでしょうか。この気づきの種をこれから大きく皆で育てていきましょう。

アイデア・ポイント

・東京2020パラリンピックの画像を見せることで、1964年東京パラリンピックとの違いに気づかせる。

参考

・中村裕著『太陽の仲間たちよ』講談社、1975年
・社会福祉法人太陽の家HP

10月⑤ 大切な人を想う気持ち

今、会いたい人はいませんか。でも、会えない、会うのを躊躇するという経験、皆さんはありませんか。そのことで、イライラしたり、ストレスを感じたりしている人も多いと思います。なぜ会えないのだろう、いつになったら会えるのだろう…。どんなに納得しようとしても寂しく、やり場のない気持ちに襲われます。

コロナ禍になって、会いたい人に会えていたことがどんなに貴重だったか、今は日本中、いや世界中の人が実感していると思います。メールやSNSですぐに連絡がつく時代。意志さえあれば、遠い場所にいる人にだって会えていました。そんな便利さを私たちは、当然のことのように思っていました。でも、それは当たり前のことではなかったのです。

今日は、皆さんにこの絵本を紹介したいと思います。知っている人はいますか。

〈絵本『会いたくて会いたくて』を提示する〉

小学生のケイちゃんは、施設にいるおばあちゃんと会えなくなったことが我慢できなくて、こっそりおばあちゃんに会いに行きます。ケイちゃんは、無事におばあちゃんに会えるのでしょうか。ドキドキの先に待っているのは、驚きの展開です。

どうなるのでしょう？　絵本の中に出てくるおばあちゃんの言葉を紹介します。ここ

テーマ
大切な人を想う気持ち

ねらい
会いたい人に会えないと、その人のことをたっぷり考えるから、思いは強くなるということに気づかせる。

には、人生で大切にしたい想いがたくさん詰まっています。

「フフフ、今の人は大人も子供もせっかちでいけないね。おばあちゃんのおばあちゃんのそのまたおばあちゃん、昔の人は大好きな人に会うのも命がけだったんだよ。一年に一回、一生に一度……。やっと会えても、もう二度とってことが当たり前だったんだ」

「会えない分、思いは強くなるよ。その人のことを心の底から考える時間がタップリあるからね。」

これらのおばあちゃんの言葉に、読者はハッとさせられます。本当は会いたい。でも会えない。だから、人は想像します。今度会ったとき、何話そう。何しよう。何食べようって。それは、きっと会えないからこその楽しみかもしれませんね。

結局、ケイちゃんは、無事におばあちゃんに会えたのでしょうか。あとは、絵本を読んでのお楽しみです。図書館にも置いてありますよ。きっと心がポカポカ温まると思います。そして、皆さんの誰かを想う気持ちも、そっと包み込んでくれるはずです。「大丈夫。心はつながっているからね。」と。

いつか会えるその日のために、いつかできるその日のために、皆さんが思いを強くし、今できることに精一杯取り組んでくれることを願っています。

アイデア・ポイント

・読書週間に合わせて話すのもよい。絵本は、図書館に置いておくか、各教室に配架しておきたい。

・会いたい人に会えない、歌いたくても歌えない、部活動をしたくてもできない……このような状況を嘆くのではなく、だからこそできることを考えさせたい。

参考・引用文献

・室井滋・作、長谷川義史・絵『会いたくて会いたくて』小学館、2021年

11月①　季節の変化を感じてみよう！

日本には、季節があります。春夏秋冬と四つの季節に分かれています。今の季節はいつですか？

〈児童に問いかけ、「秋」の回答があってから話を続ける〉

そう、秋ですね。皆さんは、秋だなぁと感じることがありますか？

〈再び問いかけ、「葉っぱの色が変わった」等の子どもの発言を受けて話を続ける〉

そうですね。葉っぱの色が赤や黄色になってきましたね。そして、冬も近づいてきていますね。冬になると、葉っぱが落ち、景色も変わってきます。

日本人は、昔から季節を敏感に感じ、楽しむ風潮がありました。

一年間を24に分けた季節の変化を示す言葉があります。二十四節気（せっき）と言います。一番近い二十四節気は、11月8日の立冬（りっとう）です。暦の上では冬ですよ、という意味です。

それだけではありません。二十四節気をもっと細かく分けて七十二候というものもつくりました。元々は中国から入ってきましたが、日本に合うように直してきたものです。それによると、11月3日は「楓蔦黄（もみじつたきばむ）」であり、8日は「山茶始開（つばきはじめてひらく）」になります。つまり、その頃になると、もみじや蔦の葉っぱ

テーマ

季節の変化を感じる

ねらい

日本人は昔から季節を敏感に感じとり、楽しんできた。二十四節気や七十二候という季節を感じる暦も考えられてきた。季節を感じる俳句や短歌もたくさんある。秋ももうすぐ終わり、冬になる。今、秋を感じよう。

＊注

二十四節気、七十二候の日付は、２０２３年のものです。

が黄色くなりますよ、ツバキの花が咲き始めますよ、という意味です。季節を敏感に感じる日本人だからこその言葉ですよね。

また、このような季節の移ろいを敏感に感じて、俳句や短歌にした人もたくさんいます。図書室にある本で調べてみました。

〈『初めてであう俳句の本』、『初めてであう短歌の本』を見せる〉

①「この道や　行く人なしに　秋の暮」松尾芭蕉

②「をりとりて　はらりとおもき　すすきかな」飯田蛇笏

③「金色（こんじき）の　ちひさき鳥の　かたちして　銀杏ちるなり　夕日の岡に」与謝野晶子

④「さびしさに　宿を立ち出でて　ながむれば　いづくも同じ　秋の夕暮」良暹法師（りょうぜんほうし）

聞いたことがある俳句や短歌はありましたか？　④の短歌は百人一首にもなっていますよ。

校長先生も、七十二侯という季節のちょっとした変化を感じとった言葉を知って、季節が変わっていく様子を探して俳句をつくるのを楽しみにしています。

皆さんも、紅葉で色の変わった山を眺めたり、色づいたもみじや銀杏の木を見に行ったり、ドングリを拾ったりと、秋をいっぱい探してみましょう。四季のある日本だからこそ見られる自然の変化を感じられるといいなと思います。

アイデア・ポイント

・次の言葉を拡大して提示する。

二十四節気、11月8日立冬（りっとう）、七十二侯、11月3日　楓蔦黄（もみじつたきばむ）、11月8日　山茶始開（つばきはじめてひらく）。

参考

・国立天文台HP　天文情報センター　暦計算室

・桜井信夫・編著、三谷靱彦・絵『はじめてであう俳句の本』あすなろ書房、1993年

・桜井信夫・編著、池田げんえい・絵『はじめてであう短歌の本』あすなろ書房、1993年

11月②

文房具としての一人一台端末

校長先生が今から皆さんにいくつかのものを見せます。名前を答えてください。

第1問、これは何でしょうか。〈鉛筆を見せて問いかけ、回答を聞いてから次に進む〉

第2問、では、これは何でしょうか。〈「ノート」の回答を聞いてから次に進む〉

第3問、これらをまとめて何と言うでしょうか。〈「文房具」の回答を聞いて次に進む〉

そうです。文房具ですよね。文房具は、勉強をする際にとても大切なものです。使い方がわからない子はいませんよね。

第4問、ノートくらいの大きさです。これは何でしょうか。〈一人一台端末を見せ、問いかける。「パソコン」「一人一台端末」、商品名など、複数の回答を得てから続きを話す〉

そうですね。パソコンです。一人一台端末です。

第5問、これは文房具ですか？〈「違う」「文房具じゃない」等の回答を待って進める〉

でも、辞書を引くと、文房具の意味は、「読書したり、書き物をしたりするときに使う道具」となっています。（＊）

一人一台端末は、授業や家で、自分の考えや答えを書いたり、表にしたり、友だちの考えを見たりするときに使い、ノートと同じように書いたことを残すことができます。

つまり、一人一台端末は文房具と同じ道具ということになります。

テーマ

文房具としての一人一台端末

ねらい

GIGAスクール構想の下、一人一台端末を活用した授業等を進めている。この端末を文房具と同じと捉えさせ、徐々に使いこなせるようにさせていきたい。

アイデア・ポイント

・文房具である鉛筆とノートを用意する。一人一台端末も用意する。

・一人一台端末を手に持ち、使ってみせながら話をする。

・「だれでも　むりなくできることから」等の自

皆さんは、朝学校に来て支度を済ませると、一人一台端末を開くのが習慣になっているはずです。帰りに充電器にしまうことも習慣になっていますよね。

使ってみてどうですか？　インタビューしてみます。

〈マイクを持って、子どもたちの感想を聞く〉

いろいろ出てきましたね。むずかしい、楽しい、面白い、検索などいろいろできる、チャットで話ができて楽しい、グループワークで意見が言いやすい、うまく使えないけれど楽しい…等々、楽しいけど、むずかしいという子が多いみたいですね。ここで、校長先生からそんな皆さんに一つのスローガンをプレゼントします。

〈「だれでも　むりなく　できることから」と書かれた紙を拡大して表示する〉

楽しく使うコツは「できることから」です。使っていくうちに段々とできることを増やしていけばよいのです。校長先生も、毎日使うようにしているので、少しずつわかってきました。さっき皆さんに、「使ってみてどうですか？」と質問しましたが、全校のみんなの使ってみての感想を聞きたいので、早速、皆さんの一人一台端末に質問を送りました。後で答えてくださいね。

〈一人一台端末を操作して、質問を送るデモンストレーションをする〉

一人一台端末でできることはたくさんあります。できたことは校長先生にどんどん教えてくださいね。この端末は文房具と同じです。鉛筆で、すらすらノートに書くように、どんどん使えるようになっていきましょう。

治体が掲げるGIGAスクール構想の合い言葉を拡大して提示する。

出典／参考

*『大辞林 第四版』三省堂、2019年

・「子供たち一人ひとりに個別最適化され、創造性を育む教育ICT環境の実現に向けて～令和時代のスタンダードとしての一人一台端末環境～」文部科学大臣メッセージ

・「GIGAスクール構想の実現へ」文部科学省

11月③ 秋の夜長を勉強に活かす！ そのコツは？

来週から、個人面談が始まりますね。学校からは、２学期の学校での様子をお話しします。お家の方からは、皆さんの家での過ごし方を聞きます。

今の季節、つまり秋から冬にかけては、早く日が暮れて夜も長くなります。長い夜は、皆さんは何をして過ごしていますか？　ゲームやテレビばかりですか？　それとも、じっくり読書をする時間にしていますか？

せっかくの長い夜ですから、校長先生は、集中して学習してほしいと思っています。とくに自主学習の時間をつくることを考えてほしいです。自主学習は、自分で考えて勉強をすることです。決められた宿題だけでなく、興味をもったことや、今日習ったけれどよくわからなかったことなどを自分で考えて学習することは、とても大切なことです。

しかし、集中して学習するやり方にはコツがあります。今日は、そのコツを教えましょう。

ある大学の先生が、学習する時間をどのようにつくると、はかどって勉強ができるようになるかという実験を行いました。

AとBの二つのグループをつくり、Aは60分間続けて学習します。Bは休憩時間を挟んで15分学習を３回行い、合計45分間学習してもらいました。

テーマ

秋の夜長の有効活用と、効果的な勉強法

ねらい

①秋の夜長を有効活用し、ゲームやテレビばかりではなく、集中して学習に取り組む時間を確保させたい。

②集中して学習するコツとして、「時間配分の細分化が効率的な学習に有効」という大学教授の実証実験結果を伝えることで、学校全体の学力アップにつなげたい。

〈Aグループ、Bグループの学習時間のグラフを提示する〉

さて、この二つのグループ、勉強ができるようになったのはどちらだと思いますか？

〈問いかけて、子どもたちの回答を待ってから続ける〉

実は、休憩を挟んで15分学習を3回やったBグループの人たちのほうが、合計時間には短いのに、勉強ができるようになったそうです。

〈Bグループの学習時間のグラフを示す〉

休憩を挟みながら15分という短い時間集中するやり方を「積み上げ型学習」というそうです。

〈図等を用いた積み上げ型学習の説明を表示させる〉

長時間続けて勉強するより、積み上げ型学習のほうが、学習内容が身につき、集中力が続くことがわかったのです。それは何故かというと、こまめに休憩時間をとると、集中力に関係する「ガンマ波パワー」が回復するからなのだそうです。

休憩時間の過ごし方も大事です。目を閉じて何も考えない時間をつくったり、ちょっと背伸びしてストレッチしたり、軽い運動をしたりするのがいいそうです。

皆さんも、秋の夜長を有効活用し、どのような学習をするか考えながら、ガンマ波パワーを回復させる積み上げ型学習を試してみてはどうでしょうか。

アイデア・ポイント

実証実験にの結果について、次の三つの図を活用してわかりやすく提示したい。

①Aグループの学習グラフ（60分間学習を継続）

②Bグループの学習グラフ（休憩時間を挟み15分間の学習を3回、合計45分間の学習）

③積み上げ型学習についての図等を使った説明

参考

・東京大学・池谷裕二教授が株式会社ベネッセコーポレーションの協力を得て行った「勉強時間と学習の定着・集中力に関する実証実験」（2017年2月実施）

11月④ 子どもは地域の宝！

今日は、登校中のエピソードを紹介します。

○エピソード1

校長先生が、朝、校門で皆さんが登校してくるのを待っていると、慌てた様子で走ってくる方が見えました。見ると、安全パトロールのジャケットと帽子を身につけてくださっています。

「登校中に、転んでしまった子がいて、痛がっています。」

と知らせてくださいました。お礼を言い、急いで駆けつけると、膝をすりむいて痛がって泣いている1年生がいて、その子の周りで上級生が心配そうに見守っています。

持っていった救急道具で応急処置をし、先に上級生を学校に向かわせ、1年生と一緒にゆっくりと歩いて学校に向かいました。

その1年生が道すがら教えてくれたことがあります。

「あのおばちゃんは、いつも僕たちが登校するのを見ていてくれるんだよ。信号を渡るときには、大丈夫になったら渡らせてくれるんだよ。」

心強く感じている様子です。その後、電話でその方にお礼を言うと、こんなお返事が返ってきました。

テーマ

子どもは地域の宝！

ねらい

地域の方々は、「子どもは地域の宝」だと、学校に援助の手を差し伸べてくださっている。登下校の安全を見守ってくださっている方々もたくさんいる。そういう方々に感謝の気持ちをもってほしい。

「子どもは地域の宝ですから。できることは協力させてもらいますよ。」

校長先生は、その言葉にとても嬉しくなりました。

○エピソード2
あるとき、自治会長さんが電話をくれました。「渡る子は一人しかいないのだが、車が結構通る道の横断歩道なので心配だ。黄色い旗も、旗を入れる籠もないんだよ。」と心配そうに話します。そこで、

「お知らせくださりありがとうございます。取りつけるようにします。」

と伝えると、

「学校も忙しいだろうから、旗と籠をもらえたらこっちで取りつけるよ。」

との返答。お言葉に甘えてお渡しすると、

「子どもは地域の宝だからね。」

同じ言葉が聞けました。地域の方々は皆さんのことを大切に思い、安全を見守ってくださっていることがわかり、校長先生はまたまた嬉しくなりました。


そんなふうに日々見守って助けてくださっている地域の方々に、皆さんができることは何だと思いますか？　まず、元気に挨拶をすること、そして、何かしてもらったら「ありがとう」とお礼を言うことです。ぜひ、実践してくださいね。

アイデア・ポイント
次の写真を拡大して提示する。
①安全パトロールの方が、子どもたちが安全に信号を渡れるよう見守ってくださっている写真
②横断歩道に設置してくださった黄色い旗の写真
③「子どもは地域の宝」「あいさつ」「ありがとう」という言葉

11月①

座右の銘

合唱練習の歌声が学校に響く季節になりました。いよいよ本番が来週となり、各クラスとも熱が入ってきました。合唱はもちろん一人ではできません。そしてこの仲間と合唱できるのは最初で最後、一生に一度のことです。本番が楽しみです。

さて、今日は私の座右の銘についてお話しします。本校の先生方が付けている名札には、それぞれの先生の座右の銘が入っています。座右の銘とは、常に自分の近くにおいて、戒めとする言葉のことです。「大事にしている言葉」でいいでしょう。

私の名札には、「人間万事塞翁が馬」という言葉が書いてあります。「にんげん」を「じんかん」と読む場合もあります。ここでは、人という意味ではなく、世の中というような意味になります。意味は、「人の世の禍（不幸）や福（幸福）は予測できないものだ」というものです。もとになった話は中国の故事なので、これは故事成語の一つです。その故事はこのような話です。

「塞翁という老人の馬が逃げた（不幸）、その馬が優れた別の馬を連れて帰ってきた（幸せ）、その馬に乗っていた老人の息子が落馬して足を折った（不幸）、そのおかげで兵隊に行かずに済んで命が助かった（幸せ）」

この言葉には、さまざまな解釈がありますが、私は次のように捉えています。

テーマ

困難に向き合う、座右の銘

ねらい

困難なことや、うまくいかないことがあっても、前向きに取り組む意識をもたせる。

「不幸や幸福は予測できるものではない、悪いことだと思っても、それはきっとよいことにつながるはず。だから常に前向きに頑張ろう。」

つまり、辛いことや嫌なことがあっても「けっしてくよくよせずに前を向こう」と、自分をポジティブにするための座右の銘なのです。

今、皆さんの中に、勉強のこと、友だちとのこと、部活動のことなど、うまくいかないことや困ったことがあって、悩んだり、落ち込んだりしている人がいるかもしれません。しかし、そんな状況はいつまでも続きません。前向きに頑張っていれば、きっといいことがあると信じて、今できることをコツコツとやっていきましょう。3年生は、中学校卒業後の進路を決める大切な時期にきています。本番で持っている力を十分発揮できるよう準備を進めてください。本校の先生方は頑張る皆さんを全力で応援します。

終わりに、これから朝晩の冷え込みが厳しくなります。体調を崩すことのないよう健康管理には十分注意をしてください。

アイデア・ポイント

・職員の名札には、それぞれの座右の銘を入れ、校長以外の教職員の座右の銘に興味をもたせる。
・国語の故事成語の学習と関連させる。
・座右の銘は自己紹介に使うことも多いので、年度初めの講話でもよい。

参考

・池田知久著・編・訳『訳註「淮南子（えなんじ）」』「巻第十八　人間」講談社学術文庫、2012年

11月②　目に見える優しい心、正しい心

テーマ
思いやりの心

ねらい
思いを伝えるためには、行動に移すことが大切であることを考えさせる。

11月は古い言い方で「霜月」といいます。朝晩ずいぶんと冷え込むようになりました。体調を崩さないように手洗いやうがいをしっかりとしましょう。2学期の大きな行事として、体育祭と合唱祭がありました。二つの行事とも、皆さんは自分たちで考えて工夫しながら行動しており、立派にできたと思います。

さて、今日は皆さんに一編の詩を紹介します。
今からおよそ12年前、2011年3月11日、東日本大震災がありました。大きな津波がきて、行方不明者も合わせると、1万8千人以上もの人が犠牲になりました。当時まだ小さかった皆さんには、断片的な記憶しかないかもしれません。震災の直後にはスーパーからインスタント食品がなくなったり、ガソリンスタンドが行列になったり、計画的に停電になったり、直接津波の被害を受けなかった私たちの生活にも大きな影響がありました。2020年、新型コロナの感染拡大により一時的にマスクやトイレットペーパーが品薄になった時には、このことが頭をよぎりました。
震災の後、テレビでは流すCMがなくなってしまい、ACジャパンがずっとこの詩の一部を流していました。宮澤章二さんの「行為の意味」という詩です。宮澤章二さんは

埼玉県羽生市の出身で、たくさんの詩をつくっていますが、クリスマスソングの「ジングルベル」の作詞者としても有名です。

それでは、「行為の意味」を読みますので、皆さんは配られたプリントを見てくださ い。

〈詩「行為の意味」を読み上げる〉

私は、優しい心をもっていない人などいないと思っています。また、何が正しいことで、何が間違いなのか、という善悪の判断がつかない人もほとんどいないように思います。大事なことは、この詩にあるように、「それを行動にできるか」ということです。いくら優しい心や正しい心をもっていても、行動に表せなければ誰にも見えません。

私からのお願いです。皆さんのもっている、優しい心、正しい心をぜひ目に見えるようにしてください。困っている人や、辛い思いをしている人がいたら、自然にそっと手をさしのべられる、そんな中学生になってほしいと思います。

アイデア・ポイント

・詩の全文は配布するか、大型モニターに映す。時間に余裕があれば、宮澤章二氏の他作品も紹介する。
・道徳の授業と連携を図る。
・宮澤章二氏の詩をいくつか校内掲示する。
・よい行動を賞賛する活動に全校で取り組む。

参考

・宮澤章二著『行為の意味』ごま書房新社、2010年

11月③ 「いじめゼロ宣言」の先に

テーマ
いじめ、人間関係に関わる話、論語

ねらい
いじめをなくし、良好な人間関係を築こうとする態度を育てる。

　先日は、生徒会と専門委員会の引き継ぎ式がありました。部活動ではすでに、リーダーとなっていた2年生ですが、生徒会、専門委員会も2年生に代替わりをし、本格的に学校のリーダーとなりました。今後の活躍を期待しています。

　さて、本校には、「いじめゼロ宣言」があります。それぞれの教室や昇降口などにも掲示してありますね。この宣言は皆さんの先輩が、この学校からいじめをなくすために作成し、宣言したものです。この宣言には次のような一節があります。

「私たちは、いじめの原因となる行為を止め、いじめを許さない環境をつくり保ちます。」

　生徒一人一人がいじめを許さない環境を保つ努力をする、という宣言を皆さんの先輩が、自分たちで宣言したのです。先生がつくったものではなく、生徒の手によってつくられた宣言であるというところに価値があると思います。

　今日は、いじめゼロ宣言を受けて、皆さんに言葉を紹介します。スクリーンを見てください。

「己の欲せざるところ人に施すことなかれ」と読みます。自分がほしくないものを、人に与えてはいけない。自分がしてほしくないことを、人にしてはいけない、という意味です。3年生は、国語の時間に学習したと思いますが、古代中国の思想家「孔子」の言葉です。孔子は今から2500年くらい前の人です。本当に当たり前のことですが、ちゃんとできているでしょうか。友だちのことをからかったり、馬鹿にするようなことを言ったりしていませんか。相手が嫌がっていることを、やり続けていませんか。また、友だちが嫌がっていることに気づいていない、ということはありませんか。学校でもそうですし、SNS上でも気をつけましょう。

「己の欲せざるところ人に施すことなかれ」

これを皆が守ることができれば、学校はとても居心地のよい場所になるはずです。私は、本校の生徒全員が、毎日気持ちよく学校に来てほしいのです。そのために、全員が少しずつ周りに気を遣ってください。自分だけが気持ちよければいい、というのは駄目です。誰か一人がうんと我慢をしている、というのも駄目です。全員が気持ちよく学校に来て、充実した中学校生活を送れるようにすること、それが私から皆さんへのお願いです。

アイデア・ポイント

・紹介したい言葉は拡大して示すか、スクリーンに表示する。
・生徒会活動、校則や宣言と関連させる。特に生徒主体の活動と関連させられるとよい。
・国語科の学習「論語」との関連を図る。

参考

・金谷治訳註『論語』岩波文庫、1999年です。

11月④ 人権感覚とネットモラル

テーマ
人権感覚、世界人権デー、ネットモラル

ねらい
世界人権デー、人権週間に合わせて、ネットモラルについて考えさせる。

来月、12月10日は世界人権デーです。1948年12月10日、世界人権宣言が国連総会で採択されました。これを記念して、1950年に毎年この日に記念行事を行うことが決議されました。世界人権宣言とは、すべての人民とすべての国が達成すべき基本的人権についての宣言であり、世界の人権に関する規律の中でもっとも基本的な意義をもつものです（＊1）。これを受けて、日本では、この日を最終日とする1週間を人権週間としています。3年生は社会科で学習しましたね。

人権については、これまでも学習をしてきたと思いますが、今日は、「人権感覚」というお話をします。「人権感覚」とは、調べてみると次のように説明されています。

「人権が擁護され、実現されている状態を感知して、これを望ましいものと感じ、反対にこれが侵害されている状態を感知して、それを許せないとするような、価値志向的な感覚」（＊2）

（今、耳で聞いただけでは難しいと思うので）簡単に言い換えると、

「人権が守られている状態をよいことと感じ、反対に人権が侵害されている状態に気づき、それはだめだよと言える」

というような感覚のことです。皆さんの中には、このような人権感覚が身についてきて

いるでしょうか。

2021年の夏、東京オリンピックが開催されました。日本選手が過去最高の数のメダルを獲得し、TVやネットの報道は大いに盛り上がっていました。日本選手の活躍に胸が熱くなる場面も多かったと思います。その中で、メダル獲得の盛り上がりとは、ちょっと違うのですが、私が注目したことがありました。

それは、複数のアスリートが、「アスリートへの誹謗中傷をやめてほしい」という内容のメッセージを毅然とした態度で発信したことです。SNSは世界中とつながっています。直接接点がない人ともやりとりができるので、このようなことが起こるのでしょう。SNSは大変便利なものでもありますが、使い方を間違えると、取り返しがつかないほど人を傷つける凶器にもなります。

皆さんには、他者の人権を侵害するような行動をしないことはもちろんですが、このようなメッセージを発信したアスリートの方たちのように、「それはやってはいけないことだ」と毅然と言える、そんな大人になってくれることを願います。

アイデア・ポイント

・生徒がよく知っているアスリートの具体的な発言を引用するとよい。映像資料があると効果的。
・ネットモラル、ネットリテラシーの学習と関連づけさせる。
・ネットモラル以外の人権課題を例としてもよい。

参考

＊1　法務省HP「世界人権宣言」
＊2　文部科学省「人権教育の指導方法等の在り方について［第三次とりまとめ］」平成20年3月

12月①　SDGsを知っていますか

2030年、皆さんは何歳になっていますか？

今、世界にはさまざまな問題があります。

〈貧困〈A〉、飢餓〈B〉、識字〈C〉、気候変動〈D〉、紛争〈E〉に関する写真を提示〉

これらの課題は、どう解決していけばよいのでしょうか？

皆さんは「SDGs」という言葉を知っていますか？“Sustainable Development Goals”と書きます。

〈模造紙に書いた文字を提示する〉

日本語で「持続可能な開発目標」と言います。

これは、2015年に国連総会で採択されました。世界中にある問題を、2030年までに誰一人取り残さず、全ての国や地域で達成することをめざした目標です。

持続可能とは何でしょうか？　自分の周りのことだけではなく、未来の人たちや地球も今のように暮らせるということです。

では、開発とは何でしょうか？　食べることができなかったり、学校に行けなかったり、自由に意見が言えなかったりすることがなく、みんなが安心して、自分の能力を発揮しながら満足して暮らせるようにすることです。

テーマ

世界の問題に目を向ける

ねらい

これからの世界に生きる子どもたちが、世界にあるさまざまな問題を知り、SDGsの必要性を理解し、自分たちの生活との関連や、目標を達成するために一人一人にできることを考えるきっかけにする。

アイデア・ポイント

・世界の課題の具体例について、そのことを象徴する写真を選び使用した。

・子どもに考えさせたい場面で、平易な言葉を使って「発問」を取り入れた。

ＳＤＧｓには、17の目標があります。

今日は五つだけ紹介します。

〈写真Ａを提示〉これは、目標１　貧困をなくすことです。〈ロゴマークを提示〉

〈写真Ｂを提示〉これは、目標２　飢餓をなくすことです。〈ロゴマークを提示〉

〈写真Ｃを提示〉これは、目標４　質の高い教育です。〈ロゴマークを提示〉

〈写真Ｄを提示〉これは、目標13　気候変動への対策です。〈ロゴマークを提示〉

〈写真Ｅを提示〉これは、目標16　平和で公正な社会です。〈ロゴマークを提示〉

このようにＳＤＧｓは、今、私たちの世界が直面しているさまざまな問題を解決することをめざしています。皆さんは、この目標についてどう思いますか？

２０３０年まであと７年です。その時、１年生は14歳、６年生は19歳になっています。皆さんは、自分とはあまり関係のないことだと思うのではないでしょうか？

でも、想像してみてください。その時、社会の第一線にいるのは、今の皆さんです。私たちが地球でずっと暮らしていけるように、国連や世界の大人たちが知恵を寄せ合ってできたＳＤＧｓ。「車を使わず歩く」「食べ物を粗末にしない」「ゴミの分別をする」などの皆さんが気を付けていること、実はＳＤＧｓに関係しています。

２０３０年、ＳＤＧｓの目標達成の年。７年後の世界を動かしているのは皆さんです。自分たちに、できることを考えてください。そして、はじめましょう。

参考

・外務省ＨＰ「JAPAN ＳＤＧｓ Action Platform」
・子ども・若者向けのハンドブック『私たちが目指す世界　子どものための「持続可能な開発目標（ＳＤＧｓ）」日本語版』公益社団法人セーブ・ザ・チルドレン・ジャパン
・ＳＤＧｓのロゴマークは国際連合広報センターのＨＰからダウンロードできる。

12月②

あいさつの力

テーマ

心をひらくことの意義

ねらい

学校生活において、人間関係を深めることの第一歩として、きっかけとなる「あいさつ」について指導することで、児童の心身の健康な発達につなげる。

皆さんと私の一日の生活のスタートは、毎朝、校門に立つところから始まります。

〈校門に立っている校長の写真を提示〉

そのとき出会うのが、「おはようございます」のあいさつです。

1年生の男の子は、にこやかな表情で私を見つめながら「校長先生、おはようございます」と言ってくれます。私は、心の中に光が広がってくるのを感じます。また、3年生の女の子の「おはようございます」の言葉に、けっして大きな声ではないのですが、きっちりと思いが込められているように感じます。

「あいさつ」を漢字で書くと「挨拶」と書きますが、どんな意味があるのでしょうか？

〈「挨拶」ふりがな入りのスライドに続き、「一挨一拶」ふりがな入りのスライドを提示〉

仏教の禅宗の言葉に「一挨一拶（いちあいいっさつ）」というものがあり、「挨」には互いに近づくという意味があり、「拶」には迫るという意味があります。

「一挨一拶」は、言葉を投げかけて、その答えによって修行の度合いや悟りの深さを見極めることです。

ここから、人と人とが相手の存在を認めて、相手に対して心を開くこととして「挨拶」と言われるようになったといいます。

そんな中、あいさつの大切さを、改めて考えさせられる出来事がありました。

校門前に立ち、皆さんとあいさつを交わしていると、通勤する大人の方が自転車に乗って通って行かれます。自然と私は、その方々ともあいさつを交わす習慣になっています。

〈自転車に乗る通勤者の写真を提示〉

先日のある朝のことです。普段どおり、自転車の大人の方とあいさつを交わしました。すると、子どもを送ってきた保護者の方がそれを見ていて、「校長先生、あいさつっていいものですね」と言われました。

私は、ハッとしました。あいさつには力があるのだ、と気づいたのです。

あいさつにより、互いに安心感を生み出したり、人と人との距離が縮まり、気持ちが通い合ったりできるのだと思いました。

あいさつは、相手の存在を認め、思いやる第一歩なのだと思いました。

そして、自分から相手に心を開く姿勢であると思いました。

あいさつには、魔法の力があるように感じたのです。

〈「魔法の力」ふりがな入りのスライドを提示〉

全校の皆さんが、みんなで気持ちのよいあいさつを交わせたら、○○小学校は、なんと素晴らしい学校でしょう。

アイデア・ポイント

・実際の校門付近の写真を使用することで視覚に訴え、子どもたちにとってなじみのある講話となるようにした。

・また、低学年の子どもたちに配慮して、スライドの文言にはふりがなを記した。子どもに考えさせたい場面で、平易な言葉を使って「発問」を取り入れた。

参考

・「碧巌録　23則・垂示」末木文美士編、『碧巌録』研究会訳『現代語訳碧巌録（上）』岩波書店、2001年

12月③ ありがとうって言うのおかしい!?

「まいど、ありがとうございました。」

「ごちそうさま。ありがとう。おいしかったです。」

お店にご飯を食べに行った時、大人の人は、お店の人とこんな会話をよくします。この会話を聞いて「おかしい。」と、ある子が疑問をもちました。

「こっちはお金を払ってるのに、なんで『ありがとう』って言うの？」

もっともな疑問ですね。こちらは料理の代金を払っているわけですから、お店の側が「ありがとうございました。」と言うのは当然ですが、払う側が「ありがとう。」って言うのは不思議ですね。

でも、この習慣は飲食店に限らず、ほかにもあります。例えば、何千円もするチケットを買って、大好きなアイドルのコンサートへ行った帰りに、大人の人がアイドルにこんなことを言うことがあります。

「今日は私に元気を与えてくれてありがとう。明日からがんばれる！」

どうして何千円もお金を払って「ありがとう」と感謝の言葉を言うのでしょう？

その謎を解くキーワードが、「与えてくれて」です。私たちはお金を払ってものを買っているようですが、買ったものから何かを「与えてもらった」と感じることがありま

テーマ
お客さんが「ありがとう」っておかしくない？
（人間関係形成）

ねらい
お互いに感謝の気持ちを伝え合うことで、温かな関係が生まれ、気持ちのいい社会ができることに気付かせ、学校をそのような社会にしていく意欲を湧かせたい。

す。

すべての場合がそうではないかもしれませんが、どうしても欲しかったグローブを手に入れた時、へとへとに疲れた仕事帰りにおいしいコーヒーを飲んでほっとした時、自分の気持ちを変えようと髪をカットしてもらった時……。そんな時、私たちには、お金を払ってモノやサービスを「買った」「買ってあげた」という気持ちより、自分に喜びを与えてもらった感謝の気持ちがあふれてきます。また、お客さんから感謝の気持ちを与えてもらって、お店の人にも喜びがあふれ、またがんばろうという気持ちが生まれます。

このように互いに「与え合い」が生まれ、その結果「ありがとう」という言葉が自然に発せられます。これは何も大人の世界の話だけではありません。学校でも、例えば6年生が1年生のお掃除を手伝った時、1年生は「ありがとう」と感謝を伝えますね。でも、6年生が「学校をきれいにするために、私たちの教えたとおりに掃除してくれてありがとう」と感謝の気持ちを返したら、きっと1年生も6年生も共にうれしいと思います。

ありがとう。とても素敵なことばですね。お互いが相手のことを考えて、いろいろなものを与え合い、互いの気持ちが通じ合う心地いい学校にしていきたいですね。

アイデア・ポイント

・お店やアイドルの写真を使って臨場感を演出すると効果的である。

12月④

自分のできることをやりきる

12月も半分を過ぎ、一年の納めの時期を迎えました。私なりにこの一年を振り返ると、皆さんの成長をとても頼もしく感じています。

今日は、その中でも、校長先生の心に残っている出来事をお話ししたいと思います。

数ヵ月前のことです。目前に迫った大運動会に向けて、校内では、各学年や全校の練習、係活動の取り組みなど、準備が進んでいました。そんな中の、ある日の中休みのことです。次の3校時が全校練習ということで、多くの児童の皆さんがグラウンドに出ていました。トラックでは、低学年の選手リレーの練習が行われていました。

校長室の窓から、その様子を眺めていたところ、第9走者でしょうか。デッドヒートを展開していた3年生女子の右足の靴が脱げてしまったのです。「おっ！」、思わず声が出ました。しかし、その子は、立ち止まって靴を履きなおすことをせず、そのまま走り続け、次の走者にバトンを渡したのでした。

次の瞬間、トラックの傍らに残された靴が気になりました。リレーのレースは続いています。すると、コースの外で遊んでいた5年生の男子が、その靴に気づきました。怪訝そうに靴を持ち上げ周囲を見渡すと、周りから促されたのか、靴を持って走りだしました。走り終えてフィールドで待機していた持ち主のもとに、脱げてしまった靴を届け

テーマ

身近な生活の中での気づき

ねらい

自分でできることは自分でやること、そして、正しいと判断したことは、自信をもって行うことを促す。

たのです。
　ここで、皆さんに質問をします。校長先生は、わずか数分間のことでしたが、すごいと思ったのです。誰の行動に、すごいと思ったのでしょうか？
〈子どもたちに答えてもらう。以下同様に〉
〔3年生の女の子　靴が脱げたまま走り通した〕
〔5年生の男の子　脱げてしまった靴を届けた〕
　この一連の出来事は、わずか数分間のことです。3年生の女の子は、立ち止まって靴を履きなおすことをせず、なぜ、走り続けたと思いますか？
〔チームの勝利のために、次の走者にバトンを渡すため〕
　そうですね。見事な姿でした。
　では、5年生の男の子は、なぜ靴を届けたのだと思いますか？
〔持ち主の元に早く返したいと思ったから〕
　爽やかで素敵な行動でした。運動会は、皆さん一人一人の取り組みや小さなドラマに支えられています。当日の華やかな姿ばかりが注目されますが、一番重要なのは、その時々に自分のできることを真摯にやりきることだと考えています。靴が脱げても走り続けた人、そしてその靴を届けに行った人、まさに責任感と思いやりを実践する皆さんの姿を目の当たりにしました。
　来年も、自分のできることをやりきる素敵な皆さんを、たくさん見たいと思います。

アイデア・ポイント

・話が一方的にならないように、子どもに考えさせたい場面で、平易な言葉を使って「発問」を取り入れた。

12月①

最高のチームの作り方

先日、「日本講演新聞」で、木下晴弘さんの「最高のチームの作り方」という記事を読みました。木下晴弘さんは以前、関西地方に20ヵ所以上の教室を持つ進学塾の先生だった方で、本もたくさん出されています。

木下さんによると、難関中学への合格率と集団内の人間関係には、ある関係があったそうです。その集団を仮にABCと分けると、一番合格率が低いCはいじめがある集団。一方、いじめのないABでも、圧倒的な合格率のA、平均的なBと結果が割れました。でも、このABの違いがわかりません。そこで木下さんは、昔の生徒から「どんな勉強をしたのか」「どんな教室の雰囲気だったのか」と話を聞いたそうです。その違いは…。Bは仲良しグループだったのに対して、Aは見事な「チーム」だったのです。グループとチームの違いがわかりますか？

例えば勉強です。集団C、一人一人がこそこそと勉強します。「やってない」と嘘をつきます。同級生を油断させようとします。

集団B、一人一人、全体としての仲は良いです。しかし、仲間は仲間、自分は自分、干渉しません。集団A、例えば数学が得意な子は苦手な子を教えるなど、周りの学力を向上させます。

テーマ

成功する組織

ねらい

受験が押し迫った時期、どうしても自己中心的になりやすい時だからこそ、もう一度、学年、学級としてどのように取り組むべきかを考えさせたい。また、1年生は中堅学年へ、2年生は最上級生へと切り替わっていく時期、自分たちの学級、学年、部活動、学校がどのようにあるべきかを考えさせたい。

また、塾に漫画を持ってきた子がいたとしましょう。集団C、知らん顔です。集団Bも注意はしません。集団A、友だちが注意します。「お前、何しとるんや。俺らはあの学校に全員で受かろうって約束したんと違うんか。一緒に合格しようぜ。合格したらその漫画を回し読みしようぜ」と。すると、周りも「そうや。漫画しまってこっち来い」と言うんです。

塾のない日、集団Cはゲームセンターに行きます。集団Bはそれぞれの家で勉強します。集団Aは必ず誰かの家に集まって勉強します。

集団Aの生徒の合格体験記には、次のような言葉があります。

「僕の合格は、このクラスの友だちがいなければ決して成し遂げられなかったと思う」

このように、お互いがサポートし合って全員で目標を達成するという文化ができたとき、つまり「チーム」となったときに、ものすごい力を人は発揮します。

皆さんが所属している班、学級、委員会、部活動はどの集団でしょうか。そして、グループをチームにし、そのチームを構成している人、機能させていくのは皆さん、一人一人です。

アイデア・ポイント

・話の冒頭で、仙台育英高校野球部など優勝したチームの写真を用意して見せながら話すのもよい。
・後日、木下晴弘氏の『涙の数だけ大きくなれる!』の「なぜ、ガンはV字編隊で飛ぶのか?」の一節を紹介する。

出典

・木下晴弘「最高のチームの作り方　受験は個人戦ではなく団体戦」『日本講演新聞』2020年9月28日号
・木下晴弘著『涙の数だけ大きくなれる!』フォレスト出版、2008年

12月　中学校

12月②
全力・継続・不屈

皆さん、もうすぐ2学期が終了します。4月当初より成長できた人？　成長できなかった人？

〈生徒に呼びかけ、挙手してもらう〉

今日は、もっと成長したい人に三つの言葉を贈ります。

最初の言葉は《全力》です。テストなど、大事な時はぜひ「全力」でチャレンジしてください。その理由は三つあります。

・理由1　課題が見える

全力でやらずにできなかった。できなかったのは「手を抜いたから？」「目標をごまかしたから？」――原因がわかりません。しかし、全力でやってできなかった場合、「〇〇が足りなかった」と課題が見え、次にどこを頑張ればよいのかがわかります。

・理由2　本気の力だけが自分の限界を超えられる

「今はやらないだけ」「次回はやる」。そう言う人の夢は叶いません。本気で精いっぱい頑張ると、限界を超えて新しい自分になれます。前回の全力は今回の99%。今、全力を出す者だけが、未来を掴み、夢を叶えます。

・理由3　全力を出すことは気持ちがいい

テーマ

成功するための条件

ねらい

①今のチャレンジを成功に導く、または次の目標をやり遂げるために必要なことを伝える。

②自分を見つめ直し、やる気と勇気を伝えたい。

たとえ失敗しても後悔しません。失敗から多くを学び、人生に潤いを与えてくれるからです。それが、次の挑戦への源となります。

次の言葉は《継続》です。毎日、昨日より1％頑張ると、1年間でどれくらいになると思いますか？　計算式だと1・01の365乗。答えはなんと元の約38倍です。逆に、昨日より1％頑張らなかった。「99％」を1年間ずっと続けていくとどうなるでしょう？　0・99の365乗。答えは元の約3％になってしまいます。さらに、元の約半分になるまではどれくらいなのでしょうか？　なんと約70日と、2ヵ月強で半分になってしまうのです。恐ろしいことです。

99％と100％と101％、その差は気持ちかもしれませんが、そこの頑張りが大きく未来に響きます。

最後の言葉は《不屈》です。赤ちゃんはいつでも全力です。立とうとして転び、泣いて抱っこをせがむなど、失敗だらけ。でも、立つことを諦めることはしません。粘り強く挑戦し続け、やがて立てるようになり、歩けるようになり、走れるようになっていきます。その不屈の精神は大きくなってもきっと体の中に刻み込まれています。

OFFにしている不屈のスイッチ、ぜひONにしてください。自分で切ったなら、入れることもきっとできるはずです。

アイデア・ポイント

・呼びかけて挙手をさせることで、話に集中させる。
・覚えやすいよう条件は三つに絞る。

参考

・三木谷浩史著『成功のコンセプト』幻冬舎、2007年

12月③

私たちにできること

コロナ、そして、温暖化、戦争、貧困、差別等、世界には様々な問題があふれています。そして、また新たな問題が生まれているのが現状です。

また、私たちの周りでさえ、いじめを始めとして、様々な問題があります。温暖化もいじめも、とてもとても解決が難しい問題です。すぐに解決するなんてことはできないし、それ以外の問題も、解決は容易ではありません。

これらの問題に対して、私たちができることはなんでしょう？

南アメリカの先住民には、こんな話が伝わっています。

あるとき森が燃えていました
森の生きものたちはわれ先にと逃げていきました
でもクリキンディという名のハチドリだけはいったりきたり
口ばしで水のしずくを一滴ずつ運んでは　火の上に落としていきます
動物たちがそれを見て「そんなことをしていったい何になるんだ」といって笑います
クリキンディはこう答えました

テーマ

何もできないのではなく、できることがある

ねらい

様々な問題が自分の周りや世界中にあふれる中、現状をきちんと見つめると同時に、絶望することなく、自分にやれることを通して夢や希望をもって生き抜いていくことを育みたい。

「私は、私にできることをしているの」

私たちは微力かもしれませんが、無力ではありません。一人の力ではどうにもならないと思えるような問題でも、私たちにはできることがある。それは、落ちているごみを拾って捨てること、ごみを減らすようにすることかもしれない。あいさつをしたことがなかった人と、自分から気持ちのよいあいさつをすることかもしれない。

そして、一生懸命頑張るあなたの周りには、あなたを応援しようとする人がたくさんたくさんいます。そして、あなたが問題を解決しようとしたとき、きっときっとあなたを助けようとする人が現れます。

あなたが問題を解決しようと描いた夢や希望、それらが叶うよう、心から願っています。そして、あなたを応援します。

○○年が皆さんにとって素晴らしい年でありますように。そして、皆さんが生きていく世界が、皆さん一人一人の力によって素晴らしいものへとなっていきますように。

アイデア・ポイント

・環境や戦争、貧困、差別等の写真を用意する。
・『私にできること～地球の冷やし方』の本を用意して、提示する。

出典

・辻信一監修『私にできること～地球の冷やしかた』ゆっくり堂、2005年

12月④ 初詣

もうすぐ今年が終わり、新しい年がスタートします。皆さんの来年の目標は何ですか？

初詣には行く予定ですか？　皆さん、初詣では、いつも何をお願いしますか？　自分の願いごとがうまくいくことだけをお願いしていませんか？

私はいつも神社でお礼を言います。「見守ってくれてありがとう」。そして、自分の願いごとと同時に、次のことも申し添えるようにしています。「自分の願いごとが叶うように努力しますから、ふさわしい力が発揮できるよう応援してください」。

このようにお願いするようになったのは、喜多川泰さんの小説で登場人物の作文として紹介された次の一節がきっかけでした。

「僕は、正月になると神社で毎年お願いしていることがある。

それは、

『僕は努力をする。だから、それにふさわしいものを与えてください』

という言葉だ。

それ以上でも嫌だ。それ以下でも嫌だ。

テーマ

願いと誓い

ねらい

①新年に向けて抱負・希望・目標を設定する際に自らの努力という部分にも着目させたい。

②自分自身のこれまでの姿をもう一度見つめ直し、新たな希望と決意をもって初詣の願いを誓わせたい。

自分の努力にふさわしいものが、自分の将来に手に入るそんな生き方をしたい。」

初めて読んだとき、ハッとしました。「苦しい時の神頼み」という言葉があります。今まで自分の努力が足りないのを棚に上げて、願いが叶うことばかり望んでいなかっただろうか。どうやればできるのかを考えて実行しようとせず、取り組む前からできない理由ばかりを並べて逃げていなかっただろうか。そんな思いが駆け巡りました。冷静に自分を振り返ったとき、愚痴を言ってばかりいる自分が見えたのです。そして願いが叶わない原因を、周りの環境や他の人のせいにしていたところがありました。そんな自分を、とても恥ずかしく感じたのです。

よく「嘘をつかないようにしよう」と、道徳の時間だけではなく、生活のいろいろな場面で人に言われますよね。私は、この本を読んでから、誰かに対して嘘をつかないのはもちろん、自分にも嘘をつかないようにしようと決めました。つまり、自分で立てた約束（目標）を破らない人をめざすということです。

一年の始まりの決意表明ともいえる「初詣」。お願いごとをするときに、そこへの努力も約束する。その上で、「応援」という形でなら、神様も「力添え」を考えてくれるかもしれません。前向きに頑張りましょう。

皆さんにとって、新年がすばらしい年でありますように。

アイデア・ポイント

・初詣の写真を用意する。
・『秘密結社Ladybirdと僕の6日間』の本を用意し、当該部分を読み上げて紹介すると、臨場感を高められたり、本への興味を促したりできる。

出典

・喜多川泰著『秘密結社Ladybirdと僕の6日間』サンマーク出版、2017年

1月①　新年の目標

あけましておめでとうございます。新しい年が始まります。

新しい年には目標を立てると思います。校長先生は、もう目標を立てました。

皆さんはどんな目標を立てるのでしょうか。勉強の目標でしょうか、友だち関係の目標でしょうか。どんな目標を立てるとしても、大切なのは「少しでも前へ進む」ことです。昨年の自分よりも、少しでも、ほんの少しでも前へ進む目標を立てましょう。

では、どのように目標を立てればよいのでしょうか。よくある目標が「～を頑張る」です。「国語を頑張る」とか「算数を頑張る」などですね。悪くはないのですが、この「～を頑張る」では、目標が達成できたのか、できていないのか、わかりません。

ですから、できれば数字で目標を立てるとよいと思います。

たとえば、○○小では家で勉強する時間を「学年の数×10分」としていますが、少しでも前へ進む目標にするため、これを「学年の数×10分＋10分」にするとか、2学期の通知表に、先生から「もっと授業中に発言しましょう」と書かれた人は、「発言を1日2回以上する」などもいいかもしれません。

他にも、例えばこんな目標もおもしろいかな。「1日に30人以上に挨拶する」。校長先生は、「1日100人以上に挨拶をする」という目標をもってこつこつとやっています。

テーマ
画餅にならない目標とは

ねらい
目標はあいまいになりがちである。目標を具体的にすることで、子どもたちは自分で達成度を確認できる。

この挨拶の目標を実行する人が出てきたら、○○小はますます挨拶がステキな学校になりますね。

また、こんな目標もあるかな。「1日に30回以上『ありがとう』と言う」。「ありがとう」という感謝の言葉がたくさん聞こえる○○小になったらステキですね。

さて、目標を立てたものの、うまくいかないことがあります。その時大切なのは、「人のせいにしない」ことです。校長先生もそういうことがありますが、立てた目標がうまくいかない時に、人は「人のせい」にしたくなります。勉強の目標を立てたけれど、「お母さんが家の手伝いをしろと言うから、宿題が、勉強ができなかった」とか、「挨拶をするという目標を立てたけれど、相手の人が挨拶を返してくれなかったから自分からするのをやめた」などです。このように、人のせいにしたくなりますが、人のせいにすると、目標はいつまで経っても達成できません。

それよりも、「自分のせい」にしたほうがよいですね。うまくいかないのは自分のせいで、「どうすればうまくいくかを考えていく」ことが大切です。

そして、目標がうまくいっているときは、感謝の気持ちを忘れないでほしいです。立てた目標がうまくいっているのは、もちろん自分が頑張ったことも大きいですが、お家の人や先生、友だち、クラスの人などからの応援もあったのではないでしょうか。

しっかりした目標を立てて、人のせいにしないで、感謝の気持ちをもって目標をしっかり見続ければ、今年はきっとステキな年になりますね。

アイデア・ポイント

・「画餅」の失敗例を校長自ら語ることで、子どもたちの関心が高まる。

1月②

人権とは

おはようございます。

今日は、「人権」についてお話しします。

「人権」って難しい言葉ですね。でも、○○小にはとってもわかりやすい言葉があります。このポスターを見たことがあるでしょう。

〈「人権とは　自分も、他の人も　大切にすること」と書かれたポスターを提示〉


この言葉が人権の意味を表しています。

わかりやすい言葉ですが、本当にわかりやすいですか？　たとえば「他の人を大切にする」って具体的にどういうことでしょうか？

それは、「人がいやがることはしない」とか、「人がいやがることは言わない」などです。そして、「暴力を振るわない」、つまり「人を叩いたり、蹴ったりしない」ことです。

また、「ちくちく言葉を言わない」ことも、他の人を大切にするということですね。ちくちく言葉を言わずに、ふわふわ言葉を言うことです。

他にも、「困っている人を見かけたら、手助けをする」ことも、他の人を大切にすることになりますね。

テーマ

人権

ねらい

「人権」というわかりにくい言葉を子どもたちの目線で具体的に説明するとともに、この講話を契機に担任が「人権尊重」を子どもたちに指導することができるようにする。

では、人権のもう一つの意味、「自分を大切にする」ってどういうことでしょうか？

それは、たとえば、自分が他の人にいやなことをされたり、言われたりしたときに、しっかりとその人に「やめて！」と言えることが、自分を大切にすることです。

また、自分に対して、ちくちく言葉を言わないことも自分を大切にすることです。たとえば、うまくいかないときに、「あ～、僕ってバカだなあ」とか、「私にはできないよ」とか、「ホント、私ってダメな子」など、自分を傷つける言葉、自分へのちくちく言葉を言うことは、自分を大切にしていないことになります。

今日のまとめです。○○小は人権を大切にしてきた学校です。

人にいやなことをしない、言わない、困っている人を助けることで、他の人を大切にすることになります。

また、自分に対してちくちく言葉を言わないで、自分を褒めて励ます、ふわふわ言葉を言うようにすることが、自分を大切にすることになります。

アイデア・ポイント

・提示した「人権とは…」のポスターは、校舎のあちこちに掲示している。

1月③ よく考えて行動する

テーマ
教育目標の意識付け

ねらい
子どもたちに教育目標を具体的レベルで意識させる。

皆さん、○○小の教育目標を知っていますか。三つあります。

今日は、そのうちの一つ、「よく考えて行動する子」についてお話しします。

「よく考えて行動する」って、どういうことでしょうか。

一つには、「先を考える、先を予想する」ということだと思います。

「不適切な動画」と言われるものがあります。たとえば、コンビニの店員さんが、「お客さんに売るおでんを口に入れてから戻す」。これ、汚いですね。またたとえば、回転寿司の調理をする人が「魚をゴミ箱に入れてから戻す」なんてこともありました。生のものをゴミ箱に入れて戻すなんて、本当に怖いですね。

たった一人のこんなひどい行動のために、みんなが迷惑をします。

その結果、どうなるか……。こんなひどい行動をした人は、仕事を「クビ」になるだけでなく、たくさんの賠償金を払わなくてはいけません。さらに、LINEやTwitterなどのSNSで拡散して、取り返しがつかないことにもなります。

どうしてこんなことをするのでしょうか？　おそらく、目立ちたいとか、悪ふざけをしたいなど、軽い気持ちでやってしまうのでしょう。でも、実際はテレビでも報道されるような大騒ぎになります。○○小の教育目標のように、「よく考えて行動」すれば、こんなことにならずに済んだはずです。

よく考えないで行動して問題になった小学生の例があります。紹介しましょう。

ある小学生が、友だちの写真を、本人に言わずに勝手にネットに載せてしまいました。この勝手な行動のせいで、ネットを見ていた人に名前や住所、通っている学校の名前などがバレてしまい、知らない人が家まで来てしまったという事件がありました。とっても危険ですね。また、友だちの写真を勝手にSNSに載せるというのは、「肖像権」という権利を侵害することにもなります。こちらも、大きな問題になりますね。ちょっとした「悪ふざけ」が取り返しのつかないことになるのですね！

こんな例もあります。友だち同士で、ちょっとした火遊びをしていたら、枯れていた芝が燃えて大きな火事になってしまい、消防車がたくさん出動する事態になりました。その小学生は逃げたのですが、結局警察につかまりました。もちろん、お父さんやお母さんも警察に呼び出されて、思いっきり叱られました。おそらく、焼けた芝などの賠償もさせられたことでしょう。これも、先のことをよく考えて行動していたらこんなことにならずに済んだのに……。
○○小の皆さんは、考えずに行動することはないと思いますが、確認です。
行動を起こす前に、よく考えてください。そして、自分の心にブレーキをかけてください。もちろん、周りの人たちも、考えずに行動する仲間がいたら、「だめだよ！」と注意してあげましょう。今日は、「よく考えて行動する」についてお話ししました。

アイデア・ポイント

・教育目標を子どもたち（と教師）に意識付けするのは朝会講話が最適である。
・この話をした後、次の機会に教育目標が具現化されている子どもの様子を伝えたい。

1月④

違いを認める

先週のことですが、6年生で英語の研究授業がありました。授業では、6年生が調べた、世界の小学校についての発表がありました。全部英語ですよ。6年生、すごいね。その内容がとってもおもしろかったので、皆さんに紹介します。

まずは、この国。〈国旗を提示〉

エジプトです。エジプトの小学校の授業は、日曜日から木曜日までだそうです。日曜日から授業が始まるんですね。

次はこの国。〈国旗を提示〉

スーダンです。スーダンの小学校の子どもたちは、朝、5時30分には家を出て学校へ向かうそうです。すごいねえ。皆さんならまだ寝ているでしょうね。

最後にこの国。〈国旗を提示〉

スペインです。校長先生は3年間、スペインの学校で先生をしていたことがあるのでよく知っていますが、6年生が調べたところ、なんとお昼休みが2時間。スペインではお昼ご飯を家へ帰って食べる子もいるので、休み時間が2時間もあるのです。

どうですか？　外国って、変だよねえ〜。

でもね、日本とは違う文化の国の人から見ると、日本が変だと言われます。

テーマ

違いを認め合う「多文化共生」

ねらい

多角的な視点でものを見て、違いを認め、受け入れる子どもたちに。

たとえば、まず多くの外国の人が驚くのは、温泉や銭湯でたくさんの人がいるのに、みんな裸でお風呂に入ること。そう、日本では当たり前だよね。でもね、そういう習慣のない国の人にとっては、日本人が裸でたくさんの人と一緒にお風呂に入っているのはとっても変に見えるんだそうです。

また、登校のとき、日本では子どもだけで登校するよね。でも、国によっては、おうちの人と一緒か、スクールバスで登校するのが普通で、子どもたちだけで登校するという話を聞くと、びっくりするそうです。日本人にとって当たり前のことが、外国の人から見ると、「変だよ～」ということもあるんです。おもしろいですね。

ここで校長先生が言いたいのは、「違いがあって当たり前」ということです。そして、「違いがあるからこそ、おもしろい」ということです。

たとえば、日本でも世界でも、背が高い人もいれば、低い人もいる。どっちがよいということではないですよね。また、肌の色が違っていても、みんな、同じ人間です。皆さんの周りを見ても、運動が得意な人もいれば、苦手な人もいる。算数が得意な人もいれば、苦手な人もいる。大切なのは、得意だからといって苦手な人を馬鹿にしたり、仲間外れにしたりしないこと。苦手でも、今持っている力で努力をすること。そして、お互いに違いを認めて、受け入れることです。○○小の皆さんも、お互いの違いを認めて、みんなで温かく受け止められるようにしましょう。

最後に一つ。一人一人は違っていてよいのだけれど、みんなで「こうしよう」と決めたことについては、「みんなと一緒に」ということも大切ですよ。

アイデア・ポイント

・オンラインで海外との交流を行い、その時の子どもたちの気づきを朝会講話で共有させることも一案。

参考

・外務省HP
キッズ外務省「世界の学校を見てみよう！」

1月①

干支から学ぼう

あけましておめでとうございます。

この漢字（「干支」）は、何と読みますか。

〈文字を提示〉

〝えと〟と読みますね。今年の干支は何ですか。

そうです、卯ですね。正確に言うと、癸卯（みずのと・う）です。

干支は、十干（甲乙丙丁戊己庚辛壬癸）と十二支（子丑寅卯辰巳午未申酉戌亥）を組み合わせて表します。

〈わかりやすい一覧表等を提示〉

十干は、古代中国で日を順に10日ごとのまとまりで数えるための符号でした。十二支は、古代中国で考え出された年をあらわす方法です。もともと動物との関連はありませんでしたが、わかりやすいように呼び名に12種類の動物を当てはめるようになりました。

干支は十干と十二支の組み合わせで60通り、60年で一巡します。日本では60歳を迎えると還暦のお祝いをする風習があります。これは60ある干支が一回りして「暦」の上で元に「還る」ためです。

1868年の戊辰（つちのえ・たつ）の年から始まった官軍と旧幕府軍の戦いを戊辰

テーマ

日本の伝統文化

ねらい

干支を通して、日本の伝統・文化は身近にあることを知り、言葉の成り立ち等にも関心をもたせる。

アイデア・ポイント

・地域の中に、干支に関わる歴史や地名等の例があれば取り上げる。

・「なぜだろう」「成り立ちは何か」などの疑問をもつことの大切さに気づかせる。

・調べ学習等で、干支と現代の生活の関わり等を調べさせるのもよい。

・時間に余裕があれば、陰

戦争と言います。1924年の甲子（きのえ・ね）の年に作られた球場は甲子園球場と名づけられました。

また、一日が24時間なので2時間ごとに十二支が割り当てられていました。深夜11時から1時までは子の刻、昼前の11時から13時までを午の刻としていました。12時を正午、その前を午前、その後を午後と言う理由がわかりますね。

地理で子午線を勉強しましたね。北を子として時計回りに十二支を並べると、南は7番目の午になります。方角にも干支が関係しています。こうして考えると干支は我々の生活に深く関わっていることがわかります。

新しい年を迎えたこの時期、日本の伝統文化について調べてみてはどうでしょう。干支についても、まだまだ興味深いことがたくさんありますので、ぜひ調べてみてください。

干支以外にも、日本の暮らしや伝統文化について、これからも興味をもって調べていきましょう。グローバル人材になるためにも、まずは自国の伝統文化や歴史についてしっかり語れる人になりたいですね。

陽五行説も含めた構成にしてもよい。

参考

・新谷尚紀監修『ポプラディア情報館　年中行事』ポプラ社、2009年

・新谷尚紀監修『日本人の暮らし大発見！—日本の伝統をもっとよく知ろう⑤日本人の心』学習研究社、2003年

・長田なお著『陰陽五行でわかる日本のならわし』淡交社、2018年

1月②「汚い工場からいい製品は生まれない」

皆さんは、ホンダという自動車会社を知っていますか。

そうです、テレビのコマーシャルでもよく目にしますね。自動車だけでなく、バイク等も作っている会社です。

ある朝、ラジオでホンダの創業者である本田宗一郎氏の言葉が紹介されていました。ホンダの作業着を白色に決めたときの言葉で、「汚い工場からいい製品は生まれない」という言葉です。１９５2年5月のことなので、今から約70年前ですね。

本田宗一郎氏は、「環境がよくなけりゃ、働く意欲も落ちる。汚い工場からいい製品は生まれない。だから、作業着は白がいいんだ。白は汚れが目立つ。それができるだけ汚れないように、きれいな工場にしなきゃいけないんだ」と言って、工場の内部も工作機械も、グリーンのツートンに塗り替え、トイレも水洗で白のタイル張りにしたそうです。

そうすると、工場内の雰囲気が変わり、働く人の気分も変わって、機械の手入れを自然にするようになったり、油汚れが気になるようになったりしたそうです。ホンダの作業着は、今でも白色です。

〈作業着の写真を示す〉

テーマ

きれいな学校づくり
（環境整備・美化）

ねらい

新年一月、身の回りの整理・整頓と教室や部活動で使う場所・部室等の整備・美化に努める意識をもたせる。

「汚い工場からいい製品は生まれない」の言葉は、工場だけでなく環境や環境整備・美化がいかに人の心に影響するかを言い表しています。この学校でも、教室や学校全体の環境整備や美化に心がけるようにしていますが、十分とは言えません。掃除に取り組む姿勢や掲示物の充実等も改善の途上にあります。

汚い机では、いい仕事や勉強はできません。我々職員も、職員室の環境整備をできるところから進めています。皆さんには、まず自分の身の回りの整理・整頓を心掛け、さらに教室や部活動で使う場所や部室の環境整備を進めてほしいと思います。

汚い教室では豊かな学びは創れない。汚い部室では強いチームは作れない。汚い学校では優しい心は育たない。

年の初めの一月、気持ちを新たに、みんなできれいな学校づくりを進めていきましょう。

アイデア・ポイント

・ホンダ自動車の作業着の例を取り上げ、企業のものづくりの姿勢から学ぶ機会とする。

・環境や環境整備・美化が人の心にまでよい影響を与えることを強調する。

・清掃活動に一生懸命取り組むことが、自身の心の成長にもつながることと関連づけて話してもよい。

参考

・HONDAのオフィシャルHP：50years-history 語り継ぎたいこと トップ＞限りない夢、あふれる情熱＞『世界一であってこそ、日本一』／1952

1月③

好奇心「curiosity」を大事に

今日は、好奇心について話をします。英語では「curiosity」です。

〈「好奇心」「curiosity」と書いたボードを提示〉

2021年のノーベル物理学賞に、地球温暖化の予測に関するコンピュータモデルを世界に先駆けて開発したプリンストン大学の真鍋淑郎さんが選ばれました。

〈真鍋さんの顔写真を提示〉

真鍋さんの研究は、地球の大気と海を結びつけた物質の循環モデルを開発し、二酸化炭素が気候に与える影響を明らかにし、地球温暖化問題の科学的解明の基盤となる研究成果をあげてきました。

真鍋さんは受賞決定後、NHKのインタビューに「好奇心で始めた研究でしたが結果的に世界的に関心の高い問題になりました。日本の若い研究者にも自分の好奇心を大事にして独自の研究を進めて欲しい」と話しました。真鍋さんの研究は、当初、大気の大循環をモデル化することで温暖化の研究ではなかったものの、「ちょっと道草をしたくなって」二酸化炭素やオゾンなどの大気の成分を様々に変えて試したことが温暖化研究につながりました。

もう一人、2019年のノーベル化学賞を受賞した吉野彰さんのことを覚えています

テーマ

好奇心を大事に
（学びの姿勢）

ねらい

ノーベル賞受賞者の言葉から学びの姿勢、好奇心をもって主体的・能動的に取り組むことの大切さを知らせたい。また、自分自身に向き合い、自分のよさや適性に気づくことの大切さにもつなげたい。

アイデア・ポイント

・ノーベル賞受賞者の共通した思いや言葉を伝えることで、学びの姿勢や好奇心の大切さを認識する機会とする。

・好奇心を育てるには、自分自身に向き合い、自分のよさや適性を知ること

か。

〈吉野さんの顔写真を提示〉

携帯電話やパソコンに使われるリチウムイオン電池を開発した人です。吉野さんは、小中学生を対象とした講演会で次のようなことを言っていました。

「どんなことでも、なんでやろう？　という気持ちを持つのが好奇心。それをもって調べていくと、得意なことができ、将来の夢につながる。私もそうだった。好奇心を持ち続けることは大事なこと。」

ノーベル賞を受賞した二人のメッセージは、いずれも「好奇心 curiosity」を大事にしてほしいというものでした。

さて、皆さんの好奇心はいかがですか。いつ、どんな時に好奇心が湧いてきますか。

学校の授業の中でも、学習内容について「なぜだろう？」という問いや好奇心をもって取り組むことが主体的な学びにつながりそうですね。また、自分の興味のあることや好きなことを大切にすることも、自分の好奇心を育てるように思います。読書をしたり、新聞を読んだり、いろいろな体験をしたりすることも、新たな好奇心を生み出す機会になりそうです。年の初めに、自分の好奇心はどこにあるのか探してみませんか。

も大切なことを知らせる。

・日々の授業に臨む姿勢も「なぜだろう？」という問いをもつことが主体的な学びにつながることを知らせ、年初めの学びの姿勢を高めさせたい。

参考

・真鍋淑郎・神沢博　エコラボトーク「科学的好奇心の先にあるもの」名古屋大学大学院環境学研究科広報誌『環』vol.17 2009 autumn　所収
・NHK解説委員室「真鍋淑郎さん　ノーベル物理学賞決定」（時事公論）、２０２１年10月5日
・産経フォトニュース「『目標と好奇心を持って』吉野さんから子どもたちへ」２０１９年12月10日

1月④

睡眠を大切に

今日は、睡眠の大切さについて考えます。

保健委員会の調査で、皆さんの睡眠にはいろいろ課題があることがわかっています。就寝時刻が11時以降の人の割合が高く、12時以降の人もかなりの数です。睡眠時間が6時間未満の生徒はどの学年にも1割以上います。体調不良で保健室を訪れる人の聞き取りでは、睡眠不足が原因となっている例は少なくありません。

これまでもいろいろな機会に睡眠の大切さを伝えてきましたが、今日は改めて皆さんに睡眠について考えてもらい、自律的に生活習慣を整えてほしいと思います。

まずは、睡眠の大切さを復習してみましょう。どんなことがありますか。

そうですね、睡眠にはこのような役割がありましたね。

〈箇条書きした内容を提示〉

①身体の疲れをとる　②脳を休ませる　③ホルモンを分泌する（成長ホルモン、メラトニン、セロトニン）　④学んだことを整理して記憶を確かなものにする

また、いろいろな研究の結果、睡眠は脳の働きにとって重要な役割を果たしていることもわかっています。

睡眠不足になると、記憶力が低下したり、精神的に不安定になったり、免疫力が低下

テーマ

睡眠を大切に（自律的に生活習慣を整える）

ねらい

夜遅くまでメディア（スマホ、ゲーム等）を扱うことで睡眠時間が削られ、日中に体調不良を訴える生徒は少なくない。睡眠の大切さを理解し、自律的に生活習慣を整えさせたい。

アイデア・ポイント

・睡眠の大切さについて要点を押さえて話をする。
・十分な睡眠が取れない日々の生活の問題点に気づかせる。
・睡眠は脳や身体の発達にとって非常に大切なものであることを強調する。
・関連する事項が多岐にわ

したりと、良いことがありません。この睡眠不足の原因は何でしょうか？
そうですね。こういうことが原因としてあげられますね。
〈箇条書きした内容を提示〉
①就寝時刻が遅い　②夜間のスマホ・テレビ・ＰＣの使用　③朝ごはんを毎日食べなかったり、排便が毎日なかったりと不規則な生活習慣
また、質の良い睡眠をとるためには、次のことが必要と言われています。
〈箇条書きした内容を提示〉
①朝の光を浴びる　②昼間に活動する　③夜は暗い所で休む　④規則正しく食事をとる　⑤規則的に排泄する　⑥眠りを阻害する過剰なメディア（スマホ・ゲーム等）への接触を避ける

このことは、単に睡眠だけでなく生活習慣全体を整えることが大切ということですね。「ヒトは寝て食べて出して、はじめて脳も身体も、そして心も活動が充実する昼行性の動物」とある小児科医が述べています。朝起きて日の光を浴びて体内時計をリセットし、朝ごはんをしっかり食べて体のリズムを整え、排便をして、日中は太陽の光を浴びて元気に活動する。これが人間らしい生活リズムです。

３年生は受験期で夜遅くまで勉強を頑張っていると思いますが、記憶を定着させるためにも睡眠はとても大切です。眠っている間に脳（海馬）が情報を整理してくれます。眠ることも勉強と考え、睡眠を大切にしていきましょう。

たるので、保健体育科の教員や養護教諭と連携して、睡眠をテーマに何回かに分けて、データをもとに睡眠の必要性がより実感できるような構成をしてもよい。

参考・引用文献

・神山潤著『子どもの眠りの大事なツボ』芽ばえ社、２０１５年
・田澤雄作著『メディアにむしばまれる子どもたち』教文館、２０１５年
・川島隆太監修・横田晋務著『２時間の学習効果が消える！　やってはいけない脳の習慣』青春出版社、２０１６年
・池谷裕二監修『勉強脳の作り方』日本図書センター、２０２１年

2月①

「フロム&フォー」から始めよう！

テーマ

過去を大切にし、未来を創る生き方とは

ねらい

50周年記念ソング「フロム&フォー」の歌詞をてがかりに、今を精一杯生きることの大切さを伝えたい。

先日の学習発表会では、みんなで開校50周年をお祝いする歌「フロム&フォー」を歌いましたね。ここにいるみんな、転校した友だち、家族、そして地域の人たちと歌ったあのときの感動がよみがえってきます。

さて、歌の題名で、歌詞に何回も出てくる「フロム&フォー」という言葉、皆さんはどういう意味だかわかりますか？

「フロム」というのは過去。そうです。50年前にこの小学校ができました。そのときから今までが「フロム」です。

「フォー」というのは未来。明日も未来だし、10年先、20年先も未来です。そう、未来とは、まだわからない先のことです。

では質問です。……皆さんは、どこにいますか？

〈子どもの意見をきく〉

いろいろな意見が出ましたね。どれもその通りだと思います。そうなんです、皆さんは過去でもない、未来でもない、「今」を生きているんですね。みんなが生きている「今」は、ずーっと続いてきた過去があったからあるんです。50年続いてきた今につながる過去があったことは、とてもありがたいことなんだと思います。

では、未来はどうでしょう。未来なんてどうなるかわからないって思う人もいるでしょう。でも、未来は創ることができるんです。どうすれば未来を創ることができるのか……。

それは、「今をパラダイス（幸せ）に生きる」ことです。誰かにパラダイス（幸せ）にしてもらうのではなく、自分で毎日をパラダイス（幸せ）にすることです。今を楽しく、みんながパラダイス（幸せ）に生きることが、過去を大切にすることであり、未来を創ることなんですね。

「素敵な未来を創るために、たくさんの人たちがつないできてくれた過去に感謝して、今日一日をパラダイス（幸せ）な一日にしよう！」

そんな思いを込めて、「フロム＆フォー」をもう一度、歌ってみましょう。

〈全員で歌う〉

アイデア・ポイント

・行事や儀式で子どもたちが歌う歌の指導には、歌詞の意味理解は欠かせない。今回のように、歌詞の意味を深く理解したことで、子どもたちにはこの歌を「大切な歌」として心に刻んで欲しい。

＊注

・「フロム＆フォー」は、本校の創立50周年を記念してつくった曲。本文中、「フロム＆フォー　ここから始めよう」「パラダイス」などは、子どもたちが歌うこの曲の歌詞からの引用である。
（作詞作曲：石原一則）

2月②　人と人とをつなぐチョウ　～アサギマダラ～

皆さんは、「アサギマダラ」というチョウを知っていますか？

春に暖かくなると北へ向かって飛び、秋に寒くなると南へ帰る。そんな渡り鳥のようなチョウがアサギマダラです。ですから、アサギマダラは「旅をするチョウ」と呼ばれています。

皆さんが住む川根本町から少しだけ大井川を下ったところに、島田市川根町があります。その島田市川根町は、桜の有名な町です。毎年たくさんのお花見客がこの町を訪れます。でも、秋には人がぱったりと来なくなるのです。

「川根おもてなし人クラブ」の○○さんは、「秋にもたくさんの人たちがこの川根に訪れて欲しい」と思っていました。そんな矢先、アサギマダラという旅をするチョウがいることを知りました。そしてこんなことを思ったのです。「旅の途中、アサギマダラがこの川根町に立ち寄ってくれたらどんなに素敵だろう」って。

アサギマダラというチョウはこんなにきれいな、まるでステンドグラスのようなチョウです。

〈写真を見せる〉

こんなチョウがたくさんこの川根町に集まってくれたら、秋にも観光客に来てもらえ

テーマ
人と人がつながる素晴らしさ

ねらい
旅するチョウであるアサギマダラが飛来する町にしたいという思いを実現させていく過程でつながる人と人との縁の素晴らしさを実感する。

るんじゃないか、と○○さんは考えたのです。

「思い」はたくさんの人を「招く」。○○さんの思いにたくさんの人たちがつながって、2020年の3月、大井川鐵道の家山駅にアサギマダラの大好きな「フジバカマ」という花の苗を植えたのです。

〈写真を見せる〉

するとどうでしょう。その年の秋、なんと、アサギマダラがやってきたのです。

「アサギマダラが秋の川根にやってきた！」ニュースを喜んだ人たちは、100人を超えていました。アサギマダラはこうやって人と人の心をつないでくれたのです。

さて、皆さん。このお話を聞いてどう思いましたか？

〈子どもたちから「川根本町にもアサギマダラを呼びたい！」の声〉

そうですね。実は私もそう思いました。それじゃあ、そう思った人たちみんなで、○○さんにフジバカマの苗を分けていただくようお願いしてみましょうか。きっと○○さんは微笑んでこうおっしゃるでしょう。

「いいわよ。だってアサギマダラは人と人とをつなぐチョウなんだから！」

アイデア・ポイント

・アサギマダラの写真とともに、アサギマダラの飛来コースの資料や、飛来したアサギマダラを楽しそうに眺める人々の写真をたっぷりと見せたい。

参考

・『旅するチョウ』飛来島田・川根小にアサギマダラ」：「静岡新聞」2021年10月12日

2月③

「ありがとう」

皆さんは、誰かに何かいただいたときや何かしてもらったとき、何と言いますか？

〈子どもたちから「ありがとう」「ありがとうございました」の声〉

そうだね。では問題です。「ありがとう」の反対の言葉って何でしょう？　近くの人と相談してみて？

〈相談する〉

正解は、「あたりまえ」です。

先日、6年生の子どもたちが地域のおばあさんたちに戦争の時の話を聞きました。

〇〇さんは、「当時は食べるものがなくて、おなかが減るとお芋のつるをかじっていたこともあったよ。だから今、こうして毎日当たり前にいろいろなものが食べられて本当に幸せ。本当にありがとう」とおっしゃったそうです。

そこで、6年生は考えて、気づきました。

「毎日ご飯が食べられることに『ありがとう』と思わないのは、すべてが『あたりまえ』になっちゃってるんだ。」

その後、6年生は、おばあさんたちに聞いた戦争の話をもとに、みんなで身の回りの「あたりまえ」をさがしてみました。

テーマ

ありがとう

ねらい

私たちの身の回りにある全てのことは、「あたりまえ」ではなく「ありがたい」ことなのだと伝え、児童一人一人に感謝の心を喚起させたい。

・給食が食べられること
・トイレが使えること
・家族がそばにいること
・今、生きていること……。
こうしてあげてみると、「あたりまえ」と思ってしまっていることは無限にありそうですね。

ということは、「ありがとう」も無限にあるということです。

そのことを知っていれば、誰かに何かをいただいたり、何かしてもらったりしなくても、どんなときでも感謝の気持ちをもち続けることができます。

人は感謝するとき、手と手をこうやって合わせるでしょ？　感謝の気持ちで手と手を合わせると、幸せな気持ちになりませんか？

「ありがとう」は、私たちを幸せにしてくれるスーパーワードなんですね！

アイデア・ポイント

・時間が許すのであれば「身の回りのあたりまえ」について、その場で子どもたちと一緒に考えてみる活動を行いたい。そうすることで「身の回りのあたりまえ」に対する「ありがとう」の気持ちをみんなで共有したい。

2月④

「青は藍より出でて藍より青し」

皆さんはこの言葉を知っていますか？

〈「青は藍より出でて藍より青し」と大きく書いた文字を見せる〉

「青は藍より出でて藍より青し」

「藍（あい）」とは、染料に使う藍草のことで、藍草で染めた布は藍草よりも鮮やかな青色となることから、その関係を「弟子」と「師匠」にあてはめて、弟子が師匠の知識や技術を越えるという意味のことわざです。

今日は皆さんに、川根本町を舞台に、今、起こっている「師匠」と「弟子」のお話をします。

まずは「師匠」。師匠のお名前は、鷲巣恭一郎（わしず きょういちろう）さんです。鷲巣さんは藍ではなく、川根本町でいちばん有名なある植物を使って染め物をする方です。

〈作品を見せながら〉

さて、鷲巣さんは何を使ってこんな素敵な色に染めているんでしょう。

正解は、「お茶」です。しかも、お茶ができるまでに出てしまう商品にならない茶葉を染料として使っているんですよ。お茶が染め物に使われているなんて驚きました。ま

テーマ

お茶染めを川根本町の文化に

ねらい

自分たちの住む町で行われている素晴らしい取り組みを通して、意思をもって動き出すことの大切さや人と人とのつながりの大切さを伝えたい。

してや、商品にならないお茶を使っているなんて。

そんな鷲巣さんの作品に惚れ込んだ方がいました。西條和子さんです。そして西條さんは鷲巣さんの「弟子」になりました。今、80歳の西條さんが、自分よりもずっと年下の鷲巣さんの弟子になって、お茶染めの作品を作りたいと思ったのには訳がありました。

西條さんは、「お茶農家さんたちの高齢化やお茶の値段が安くなってしまったことで、川根茶で有名な川根本町が今、元気がなくなってきている。だから、お茶染めを川根本町の特産物にして、川根本町を元気にしたい。」と考えたのです。

師匠の鷲巣さんからお茶染めの技術を学び、川根本町ならではのお茶染めの文化をつくろうと、西條さんは「川根本町お茶染め実行委員会」を立ち上げました。

商品のブランド化にはロゴマークが必要です。川根本町お茶染めのロゴマークのもとになるデザインを町内の小中学校で募集したところ、97点の応募がありました。そのなかから代表の子どもたちで、ロゴマークに取り入れて欲しいデザインを選び、川根本町の良さがいっぱい詰まったロゴマークが完成しました。（＊）

師匠のお茶染めは、弟子の西條さんによって「川根茶染」とつながりました。そしてそのつながりは、どんどん広がって、新しい文化を生み出そうとしているのです。

アイデア・ポイント

・故事成語は昔の話ということでイメージさせることが難しい。でも、実際に自分たちが体験をしたことを取り上げることで、実感的な理解につなげることができる。

＊完成した川根本町のお茶染めのロゴマーク

【制作：川根本町お茶染め実行委員会　監修：お茶染め washizu.】

参考

・『荀子』勧学篇

2月①

安全・安心な学校生活を送る基盤となるルールについて

3学期が始まり約1ヵ月が過ぎました。3学期は、各学年で校外学習を実施します。そこで、今回は、学校生活でルールを守る意味について、共に考えてみたいと思います。

本校の生徒は、3年生、2年生を中心としてルールを守ることに対して意識が高く、その背中を1年生が見習う、とてもよい雰囲気の生徒だと思います。

そんな中で、最近少し気になることがあります。それは、昼休みや登下校、その他で、「相手の気持ちを考えずに行動する生徒」を目にすることがあることです。

ルールは、本来、「注意する側」と「注意される側」に分かれて一方的に指示を出すものではなく、「より良い学校生活を送るためには、自分はどうすればよいのか」という視点で、「双方向で互いに声をかけ合う」ことが大切だと思います。

皆さんは、「ルールとは何ですか。」と聞かれたら、何と答えますか。少し考えてみてください。

はい、次に隣の人と、共に考えてみてください。

テーマ

ルールとは何か

ねらい

ルールは、何のために必要なのかを考える。

アイデア・ポイント

ルールについて考える際には、次のようなことを押さえておきたい。

・ルールは、注意される側と注意される側に分かれるものではないこと。

・ルールとは、学校生活・集団生活を安全・安心に過ごすために必要な最小限の約束であること。

・より良い学校生活を送るためにどうすればよいのか双方向で考えることが

どうでしたか。私は「ルール」とは、「学校生活・集団生活を安全・安心に過ごすために必要な約束」だと考えています。

11月に実施した学校評価アンケートの結果、本校の9割以上の生徒が「私は学校での過ごし方やルールについて考えて行動している」と回答しています。また、8割以上の生徒が、「先生は、学校での過ごし方やルールについて生徒に考えさせて指導している」と回答しています。このことから、生徒は教員から一方的に言われてルールを守っているのではなく、自分なりに考えて守っていることが伺えます。

ルールの存在しないコミュニティはないと言われますが、そもそも「ルール」とは、集団に所属する一人一人が安全・安心な生活を送るために自然発生的に生まれた「必要最小限の約束」なのだと思います。また、安全・安心な生活が脅かされるような自分勝手な行動をお互いにしないようにするための「セーフティネット」の役割を果たしているとも言えます。

3学期に実施する校外学習などの機会を通して、学級や学年でルールについて考え、つくることで、集団の質が向上し、学校生活がより過ごしやすくなると考えています。

・ルールは、学校生活・集団生活を安全・安心に過ごすための約束事として大切であること。
・ルールのないコミュニティはないこと。
・ルールは、安全・安心な生活が脅かされないためのセーフティネットの役割を果たしていること。

2月②

学校生活・集団生活をより豊かにするマナーについて

前回は、安全・安心な学校生活を送る基盤となるルールの意味について共に考えました。そこで今回は、マナーについて共に考えてみたいと思います。

皆さんは、「マナーとは何ですか。」と聞かれたら、何と答えますか。少し考えてみてください。

はい、次に隣の人と、共に考えてみてください。

どうでしたか。日本語では、態度、礼儀・作法などと訳されますね。私は、「マナー」とは、「学校生活・集団生活をより豊かに過ごすために必要な思いやり」だと考えています。

もし、学校で生徒一人一人がマナーを考えずに生活したら、どうなるでしょうか。自分最優先、あいさつやお礼は一切なし、そんな学校を想像しただけで嫌になってしまいます。

「マナー」は、学校生活や集団生活を送る上での潤滑油、あるいはクッションのような役割を果たしていると思います。一人一人がマナーはなぜ必要なのか考え、相手のこ

テーマ

マナーとは何か

ねらい

マナーは、何のために必要なのかを考える。

アイデア・ポイント

マナーについて考える際に押さえておきたいポイントは、以下である。

・一人一人がマナーを考えずに生活をしたらどうなるかということ。

・マナーとは、学校生活を送る上で必要な潤滑油のような役割を果たしていること。

・一人一人がマナーはなぜ必要なのか考え、相手のことを少し考える余裕が

とを少し考える余裕をもてば、学校生活はより豊かになっていきます。

そのためには、「顔を上げて」周りの様子を意識し、「相手の表情を見る」余裕をもつことが大切になると思います。3学期の校外学習の機会に、学校を離れ、仲間同士で電車の中や見学する際のマナーについて考え、実際に行動に移し、マナーが「生活の潤滑油」になっていることを実感してほしいと思います。

安全で安心な学校生活、さらに校外での生活を送るためには、ルールやマナーを基盤として、危険を予測して回避するための「判断力」が必要です。例えば、交通事故を防止するためには、危険を回避し、「安全な行動の仕方」を学ぶ必要があります。

一方、こうした判断力を低下させる阻害要因があります。それは、「集団心理」です。通常であれば危険であると判断できることでも、集団心理が働き、事故につながってしまうことがあります。

3学期は、校外学習があります。「危険を未然に回避」し、安全で安心な学校生活を送るために、どのような時に集団心理が働きやすいか考える機会をつくり、集団で気持ちが高揚した時などに、互いに声をかけ「冷静に判断する力」を養ってほしいと思います。


大切であること。
・学校を離れて、実際に行動し、マナーの意味を実感すること。
・校外で安全・安心を確保するには、ルールやマナーを基盤とした、判断力が必要になること。
・判断力を低下させる阻害要因として集団心理があること。

2月③

中学校でルールやマナーについて学ぶ意義

私は今まで、ルールとは、集団生活を安全・安心に過ごすために必要な約束であり、マナーとは、集団生活をより豊かに過ごすために必要な思いやりと説明してきました。

恐らく、皆さんの人生の中で、中学生の時ほどルールやマナーの意味を考える時期はないと思います。それでは、そもそも、何のためにルールやマナーについて考え、学ぶのでしょうか。学ぶ意義とは何なのでしょうか。皆さんは、どのように考えますか。少し考えてみてください。

はい、次に隣の人と、共に考えてみてください。

私は、その一つの答えを「東日本大震災から2年　日本から学ぶ10のこと」という記事から見出しました。その記事によると、大震災が発生し、大混乱に陥った被災地で、日本人の行動が世界に発信され、「日本から学ぶ10のこと」として、多くの人に深い感動を与えたのだそうです。ここではその全てを紹介することはできませんので、関連する内容として、10のうち四つを紹介します。

第一は、「秩序」です。震災後、お店では、略奪が起こらない。路上では、無理な追い越しをする車も、警笛を鳴らす車もありませんでした。

そして第二は、「威厳」です。被災された人々は、配給される水や食料をもらうため

テーマ

なぜ、中学校でルールやマナーの意味を考えるのか

ねらい

中学校でルールやマナーを学ぶ意義を考える。

アイデア・ポイント

ここでは、「東日本大震災から2年　日本から学ぶ10のこと」を参考に、ルールやマナーを学ぶ意義とは何かを考えた。押さえておきたいポイントは以下である。

- 大震災後に「秩序」「威厳」「良心」「平静」はなぜ守られたのか。
- 悲しみそのものが気高いとはどのようなことか。

に、静かに列をつくります。そこには、乱暴な言葉や、無作法な行動などは、ありませんでした。

第三は、「良心」です。お店のレジに並んでいた人々は、停電になった時、品物を棚に戻して静かに店を出たそうです。

第四は、「平静」です。悲痛や悲嘆に暮れる姿は、努めて平静で、自らの内面へと向かい、悲しみそのものがとても気高いと感じたそうです。

私は、「悲しみそのものが気高い」という言葉に触れた時に、果たして自分がそのような悲痛や悲嘆に遭遇した際に、同じように振る舞うことができるだろうかと考え感動しました。

中学校時代にルールやマナーを学び、その意味を深く考えることを通して、それがやがて一人一人の「人格」となり、人としての「品格」となって表れるのではないかと私は考えました。皆さんは、どのように考えますか。

3年生は、もうすぐ卒業です。1・2年生は、進級しますね。新しい生活の中で、皆さんはこれから、たくさんの幸福と困難に遭遇すると思います。そうした際に、皆さんが本校で学んだ、あるいは学んでいるルールやマナーの意義、仲間に対する気持ちや思いやりのある行動を考えてほしいと思います。

その気持ちや行動はやがて、皆さんの「品格」となり、自分自身ばかりではなく、たくさんの大切な人々を幸せに導いてくれると私は思います。

・ルールやマナーを学び、その意味を深く考えることを通して、一人一人の「人格」に結び付くこと。
・「人格」は、やがて人の「品格」となって表れるのではないかということ。

参考
・西水美恵子「時代の風：東日本大震災から2年日本から学ぶ10のこと」、『毎日新聞』２０１３年2月10日

2月④ 義務教育で、何を学ぶのか

今日は「義務教育で何を学ぶのか」について、考えてみたいと思います。

この問題に答えるのは大変難しいので、本校にある夜間学級で生徒たちが何を学んでいるのかを紹介したいと思います。

現在、本校の夜間学級では、様々な理由で義務教育を十分に受けることができなかった世界8か国、10代から70代までの生徒35名が学んでいます。

一日の生活は、学活を経て、午後5時半から1時間目の授業を受け、給食を食べ、さらに3時間授業を受け、学活をして午後9時に下校します。授業が義務教育の中核になるのはもちろんですが、その他に、主な学校行事として、入学式、始終業式、体育大会、宿泊教室、修学旅行、文化祭、国際料理交流会、卒業式などがあり、多様な生徒たちが、仲間と共に義務教育を学び直しています。

そんな中で、生徒たちは、第一に多様な仲間と「ルール」の意味について学びます。私は夜間学級の生徒にも、「ルール」とは学校生活・集団生活を安全・安心に過ごすために必要な最小限の約束と説明しています。ですが、国籍、文化、言語、年齢等の異なる生徒が「中学校のルール」について理解することはとても難しいです。

そこで、「学校にルールがなかったら、どうなるでしょうか」「授業で、時間自由、私

テーマ

義務教育で何を学ぶのか

ねらい

夜間学級の生徒の学校生活を通して、義務教育の意義を考える。

アイデア・ポイント

ここで押さえておきたいポイントは以下である。

・多様な仲間とルールの意味について考えること。

・学校にルールがなかったら、どうなるか考え、ルールの必要性を実感すること。

・学校行事を通して、他者に対する敬意を学ぶこと。

・修学旅行は、義務教育を十分に受けることができ

語自由、持ち物自由であったら、安全・安心な学校生活を送ることができますか」と質問します。そして、ルールがなぜ必要になったのか、生徒と先生が双方向で学校生活の様々な場面の中で一つ一つルールの意味を学んでいきます。

次に、学校行事を通して、他者に対する敬意を学んでいます。なかでも「修学旅行」は、義務教育を十分に受けることができなかった生徒にとって特別な行事です。

修学旅行の事前学習が始まると、生徒たちの目はキラキラと輝き出します。しかし、行程を考えると、大きな課題に直面します。それは、10代から70代まで年齢差があり、見学場所やコースなどを決める際に、高齢生徒の動線などに配慮しなければならないからです。修学旅行当日は、国籍や年齢に関係なく、自然に若い生徒が高齢生徒を気遣い荷物を持ち、歩く速度を考える場面、高齢生徒が経験を生かして、若い生徒に寺院などについて説明する場面など、互いの違いを認め、敬意を払う場面が増えていきます。そして最終日、帰りの新幹線で若い生徒と楽しくトランプをしている高齢生徒の表情は、中学生そのものです。様々な学校行事に多様な仲間と協働して取り組む経験を通して、他者に対する敬意を学んでいきます。

私は、国籍や年齢を超えて、学校生活を通して力強く成長していく夜間学級の生徒たちを目の当たりにする中で、義務教育で何を学ぶのかについて、改めて考えさせられます。皆さんは、何の疑問もなく義務教育を受けていると思いますが、そこで何を学んでいますか。

なかった生徒にとって特別な行事であること。
・修学旅行中の生活を通して、高齢生徒と若い生徒が互いの違いを認め、敬意を払う場面が増えていくこと。
・国籍や年齢を超えて、力強く成長していく夜間学級の生徒たちを目の当たりにする中で、知・徳・体を育む日本の義務教育の意義を考えること。

3月①

命を守るために

先週、避難訓練がありました。一年間の最後の訓練でしたので、担任の先生たちにも知らせていない、予告なしの訓練でした。私は1年生の子どもたちの様子が気になったので、訓練放送が始まる前に廊下から教室の中を見ていました。

驚いたのは、緊急地震速報の音が出た瞬間に、1年生のみんながすぐに机の下にもぐって、机の脚をしっかりとつかんでいたことです。担任の先生からの言葉がなくても、自分たちで避難する行動ができていたことが、すごいと感心しました。毎月の訓練に、皆さんが真剣に取り組んできた様子がよくわかりました。

今までにも、何度かお話をしましたが、大きな地震の時に一番気をつけなければならないのは「頭の上」です。とにかく頭を守ることです。

訓練の時、教室にいた皆さんは、頭を守るために机の下にもぐったり、防災頭巾をかぶったりしたことと思います。でも、地震が起きた時、いつも教室にいるとは限りません。外にいる時には、大きな地震であれば、電線・電柱・そこに付いている機械が上から降って来ることも考えられます。そこでも、とにかく頭を守ることは同じです。登下校の時ならランドセルを頭の上に、遊んでいる時で、他に物がなければ、上着でもいいので、とにかく上から落ちてくるものが直接頭にあたらないようにすることが大切です。

テーマ

防災意識を高める
（避難行動）

ねらい

一年間を通して取り組んできた避難訓練の成果から、児童が日常的に防災を意識した行動ができる力を育てたい。避難訓練での体験を例として、とにかく頭を守ることで家族や教師がいない場面で地震に遭遇した時でも安全な避難行動がとれることをねらいとした。

アイデア・ポイント

・児童が落ち着いて話が聞けるよう、体育館で行うとよい。

・可能であれば、スクリー

皆さんの住む日本の国は地震が多い国です。科学が進んだ今でも、残念ながら地震は防げないけれど、その被害を防ぐことや、少なくすることはできます。

被害を少なくするために大切な三つの事があります。

それは、「気づくこと」「考えること」、そして「行動する」ことです。先週の訓練で1年生の皆さんは、この三つのことがしっかりとできていました。普段から命を守るためには、どうすればいいのかということについても意識して生活できるといいですね。

詳しいことを来週お話ししようと思いますが、3月は、大きな地震と、その影響でたくさんの人たちが亡くなった月です。命の大切さと命を守ることについて考える機会にしてもらえるとよいと思います。


ン等に実際の避難訓練で児童がしっかりと避難行動ができている写真を紹介することや、頭を守るために活用できる物の紹介も含めると効果的である。
・翌週に東日本大震災について話をするための橋渡しとなる内容としたい。

参考
・校内防災マニュアル
・一年間取り組んできた避難訓練
・東日本大震災　2011年3月11日、14時46分頃

3月②

3月11日のこと

先週の○曜日、2時46分、皆さんは自分がどこで何をしていたか覚えていますか。1年生や2年生の人たちは、お家に帰った頃か、下校している途中だったかと思います。今日は、私の忘れられない3月11日金曜日、2時46分のお話をします。このお話は2011年のことなので、皆さんは、まだ生まれていない頃のことです。

2011年3月11日、金曜日、午後2時46分、大きな地震でたくさんの方が亡くなりました。「東日本大震災」と言います。誰もが経験したことのない大きな地震に驚き、本当に怖い思いをしたことを、今でもはっきりと覚えています。卒業式が近かったので、この時は体育館で6年生と卒業式の練習をしていました。

突然、大きな揺れが来て、窓や扉からガタガタと大きな音がして、電気が消え、体育館の中が暗くなりました。いつもは学校のリーダーとして頼もしい6年生の子どもたちが、みんながいる前なのに大きな声で叫んだり、泣きだしたりしました。私も驚きましたが、天井の照明が大きく揺れるのを見て「椅子の下にもぐりなさい」と大きな声で叫んだことをはっきりと覚えています。

この日、地震が発生した場所に近い宮城県の小学校では、全校108人の子どもたち

テーマ

防災教育

ねらい

子どもたちが防災に関する知識を使って、できる限りの対応を自分で判断し、行動できる力を育てたい。震災を経験していない子どもたちに震災の経験と教訓を語り継ぐことは新たな課題であり、校長からの問題提起後に、学年や学級の実態に応じて担任から指導をすることで避難訓練を含む、年間を通した防災教育のまとめをするための講話としたい。

アイデア・ポイント

・震災当時、児童や生徒と

のうち74人もの子が津波の被害にあい、10人の先生たちも亡くなるという大きな災害でした。同じ時、家に帰る途中の幼稚園の子どもたちも犠牲になりました。

先週、地震が起きた時や、学校にいないときに命を守る行動ができることの大切さについてお話をしました。この大きな地震と津波の中でも助かった子どもたちがたくさんいます。詳しいことは、この後、担任の先生からお話をしてもらいます。

災害は、いつ起こるかわかりません。高学年の人たちは計算してみるとわかりますが、皆さんの生活の中では、学校にいない時間の方が多いのです。その中で家族や大人、先生たちがいなくても、自分の命や小さい兄弟の命を守る行動ができることが大切です。

たくさんの方が亡くなった、この3月11日、「東日本大震災」のことを忘れず、皆さんが自分や大切な人の命を守るためにどうすればいいのか、毎日の生活の中で「気づいて」「考えて」「行動できる人」になってください。

して学校にいた、担任として指導をしている最中だったなど、教員の年齢により体験したことが違う。

・全体に向けた校長の講話後に、実際に起きた災害時に様々な立場で経験したことを担任から伝える機会を設けることで、子どもたちにとって災害は身近な自分事であることを意識させるとよい。

参考

・東日本大震災　2011年3月11日

・「学校防災のための参考資料『生きる力』を育む防災教育の展開」文部科学省、平成25年3月

3月③

道徳の時間のこと

2月の朝会で、皆さんに「道徳の時間のことを教えてください」とお願いをしました。覚えていますか。毎日使っているGIGA端末を使って答えてもらえるようにしたアンケートのことです。1年生から6年生まで、本当にたくさんの人が、自分が考えていることを教えてくれました。ありがとうございました。

6年生の人たちは、たくさん書いてくれたので読むのに時間がかかりましたが、皆さん一人一人が本当にがんばって書いてくれたことがよくわかる内容だったので、読んでいて、うれしい気持ちになりました。

アンケートで、私が皆さんに質問したことは、

①道徳の時間は好きですか?

②よく覚えているお話や、心に残った授業がありますか?

③道徳の時間は何をする時間だと思いますか?

この三つでしたね。

三番目の質問の「道徳の時間は何をする時間」についてですが、私は道徳の時間は、みんなで、今よりも、もっとよい生き方ができるように考えていく時間だと思います。

ここでの「みんな」というのは、クラスの友だちだけでなく、担任の先生も一緒になっ

テーマ

道徳の時間を振り返る

ねらい

・一年間を通して取り組んできた道徳の授業について振り返り、子どもたちが自分の成長を実感する機会としたい。

・GIGA端末を活用したアンケート結果にふれることで端末の活用や、これからの道徳授業への興味や関心を高めることができるようにしたい。

アイデア・ポイント

・児童が落ち着いて話が聞けるよう、体育館で行い、可能であれば、スクリーン等に子どもたちからの

てということです。

皆さんは一年間、毎週の道徳の授業で、自分を大切にすること、周りの人を大切にすること、みんなで気持ちよく暮らすこと、命のあるもののすばらしさなどについて学んできたはずです。その時に、お話を読んだり、みんなで話し合ったりしましたね。演じてみて考えることもあったと思います。そして、自分の考えがわかりやすくなるようにノートやワークシートに書いて考えることがあったはずです。

皆さんには、いつも振り返ることの大切さについて話をしていますが、道徳の授業についても同じです。皆さんの道徳ノートを読み返して、「前にはこんなことを書いていた」とか「今は考えが変わってきたな」など、今の自分と、4月の自分を比べてみましょう。この振り返ることについては、卒業式と修了式でまたお話をします。

卒業していく6年生にとって、小学校での道徳の授業は終わりますが、中学校での授業が始まります。1年生から5年生の皆さんは、4月から進級したクラスで新しい友だち、先生との授業になります。学校や学年がかわっても、大切なのは、様々な考え方があることを大切にしていくことだと思います。

よりよい生き方を考える道徳の時間、これからも大切にしてください。

回答を整理し、視覚的にわかるように大きな画面で提示しながら話すことができるとよい。

・道徳科は、学校の教育目標を達成させる意味から、すべての教職員の共通理解と協力し合う指導体制を充実させる必要がある。朝会の話を通して教職員に伝えることで、日々の授業づくりのための橋渡しとなる内容としたい。

参考

・『小学校学習指導要領解説　特別の教科 道徳編』文部科学省、平成29年

3月④

今まで、今、これから

今日で皆さんの一年間が終わります。これまでも皆さんには、自分を振り返ることの大切さについてお話をしてきましたが、今日はその中でも、皆さんが一年間の学校生活という大きな節目の自分を振り返る日です。夏休みの前や、前期の終わりにもお話をしてきたように、振り返るということは、「今までの自分」と「今の自分」、そして「これからの自分」について、しっかりと考えることです。

今、1年生から5年生までの代表の人が一年間を振り返って「できるようになったこと」や「がんばれたこと」、そして「次の学年でがんばりたいこと」についてお話をしてくれました。私も4月からの皆さんの様子を思い出して、その通りだなと思いながら聞かせてもらいました。

5年生の教室の前に「6年生に向かって」という掲示物があります。5年生の人たち一人一人が自分のことを振り返って書いた紙が貼ってあります。書かれていることを読んでいる中で、「さすが、もうすぐ6年生になる人たちだ」と感心したのは、4月の始業式で皆さんに話した「大切にしてもらいたい三つの言葉」についての振り返りがされていたことです。

三つの言葉というのは、「おはよう」「ありがとう」「だいじょうぶ」でしたね。毎日

テーマ

学校行事（儀式的行事）
「修了式」

ねらい

子どもたちが、一年間の学校生活を終える大きな節目に、これまでの自分を振り返ることで、努力してきたことに気付き、4月からの学校生活に新たな希望や意欲をもつことができる機会とする。また、健康と安全に留意して、楽しい春休みの生活を送る心構えを育てることも大切にしたい。

アイデア・ポイント

・校長が講話をする前に、それぞれの学年の児童代表が「今年度（今学期）

の生活の中でいつも大事にしたい、礼儀と感謝と思いやりのことです。

　皆さんがいつも朝から元気にしっかりとあいさつができることは、私も毎日、門で「あいさつ運動」をしているので、よく知っています。それだけでなく、皆さんの素敵なあいさつについては、地域の方や学校に来られたお客様からも、ほめられることがあります。うれしいことですね。

　周りの人への思いやりについては、どうだったでしょうか。そして、今日の振り返りでは、「ありがとう」という感謝の気持ちについて、皆さん一人一人にぜひ考えてもらいたいと思います。

　4月からの「今までの自分」、そして一年間がんばった「今の自分」について、新しい学年に向かう「これからの自分」ということについて、この後、教室に戻ってから担任の先生や友だちと考えてみるといいと思います。家に帰ってから、今日渡される「通知表」に書いてあることについて、お家の方とお話するのもいいと思います。

　最後に、明日からの春休みに入る前に大切なことをひとつ。

　それは、またみんながこうして元気に集まって「おはよう」が言えることです。健康と安全に気を付けて、楽しく生活してください。


がんばったこと」や「できるようになったこと」などを発表する場を設けることで、達成感や自己肯定感を高め、心新たに新学期への意欲をもたせる機会としたい。
・講話の中に年間を通した道徳教育の重点目標を示すことで、児童が一年間の生活を振り返るための視点をもたせるようにする。

参考

・『小学校学習指導要領解説　特別活動編』文部科学省、平成29年
・『小学校学習指導要領解説　特別の教科 道徳編』文部科学省、平成29年

3月①

知らない自分を知る

皆さん、自分の顔で、目尻から耳の穴までってどのくらい離れていると思いますか。長年つきあってきた自分の顔ですから、知らないはずはないと思います！　あっ、まだ触ってはいけません。自分の手の指の幅、何本分離れていると思いますか。

では、①指2本分くらいだと思う人、手を挙げてください。②指3本分くらいだと思う人は？　③指4本分くらいだと思う人？　④指5本、手のひら全部だと思う人？

意見が割れましたね。どれが正解でしょうか。いよいよ実際にやってもらいます。手を当ててみてください、どうぞ。

「!?」びっくりしましたか。なんと、指5本を当てても、手のひらの横の長さを当てても、まだ足りません。つまり、耳の穴は、思ったよりずっと後ろにあったのです！

皆さんが自分の顔を絵に描くとき、正面から描くことが多いのではないでしょうか。この場合、目尻と耳はすぐ近くにあるように描くことになります。正面から見ると確かにそう見えます。でも、実際は違っていたのです。

じゃあ、どのくらい離れているか。まずは目尻と耳の穴までの長さを指で測ってみましょう。測った指の形をそのままにして、自分の両目に当ててみてください。その長さが、ちょうど自分の両目の幅と同じくらいになるはずです。目尻と耳までの間は思った

テーマ

自己を常に更新し続ける大切さ

ねらい

①思春期を迎えた中学生は、大人の言葉や常識とされるものに反抗したり疑いをもったりする時期でもある。そんな彼らに、よりよい学びとは何かを改めて考えさせる。

②生徒が、これまでに得た知識や一部の経験などに囚われ、「知っているつもり」「わかっているつもり」に陥っていないか、改めて問い直したい。

③思春期にある彼らの、エネルギッシュな思考を、好奇心や探究心、向上心などに昇華させ、学びの

より離れていて、両目の外には、実に広大な側面が存在するのです。この部分を人はあまり気づいていないのです。

でも、「あなた」は知っていましたね？　そこの「あなた」も知っていましたね？

〈と、あえてめがねをかけた子ども複数に語りかける〉

そのめがねを外して、折りたたむと？

そうですね、だいたい両目のレンズの幅と、耳に掛ける二つの部分とが同じ長さに収まるでしょう。つまり、両目の幅と同じくらい耳までの距離があるということです。このことはめがねをかけている人は日常の中で知っている……はずなのですが、どうだったでしょうか。

皆さんは、成長とともにたくさんのことを学習して、それを自分の知識として蓄えていきます。ただ、その中に、自分の顔という身近なものですらそうだったように、本当は違うのに、あたかも「知っているつもり」になってしまっている……ということもあるのではないでしょうか。自分がもっている知識や常識、そして自分の考えなどが、本当に真実か、間違ってはいないか、常に見つめ直し確かめていくことが大切です。

学ぶということは、知識を得るということだけではなく、「それは真実なのか」と常に問いをもち、現実を見つめ追究し、よりよいものに更新できることではないでしょうか。

幅をいっそう広げていくきっかけとしたい。

アイデア・ポイント

①見慣れ過ぎた顔の構造のように、生徒だけでなく大人でも認識できていないものは他にも多くあるはずである。

②生徒が自身の体に触れ、事実を改めて知ったその発見や驚きを大切にしたい。

③これらの実感を伴いながら理解を深め、先入観や思い込みという誤解の存在について気づかせたい。

3月② 手を育てる

皆さん、自分の手を見てください。じっと見てください。

その手は、これまでどんなことをしてきたでしょうか。

例えば、何か興味をもったとき、それに向かってまず差し出すのがその手でした。そして、実際に触れて、持って、十分味わって、その手ざわりや感触、堅さだったり、重さだったり、いろいろな情報を確かめて、文字通り「手に入れ」、自分なりに理解してきました。手は、これまでの大小さまざまな出会いの最前線で活躍してきました。

手は自分の命を支える大きな役割も果たしてきました。食べ物を口に運んでくれたり、転んだときに真っ先に地面について、衝撃からあなたの体を守ってくれたりもします。まぶしいときには、目の上でひさしになってくれます。どこかにぶつけてしまったとき、けがをしたとき、その手で患部をさすれば、痛みを吸い取ってくれました。

また、手はとても敏感で、繊細なセンサーになっています。細かな凹凸や微妙なニュアンスをも読み取ることができると言います。精密な工業製品で、数ミクロンの凹凸が許されない金属の面を磨き出すとき、優秀な機械が正確に研磨を行っても、最後の仕上げは人の手によって行われるということがあるそうです。優れた職人さんが表面を手で触れ、微細な凹凸を見つけ出し、修正し、完全な平坦に仕上げるそうです。あなたの手

テーマ

自分の「手」、自分の「命」

ねらい

①「手を育てる」という視点を通じて、生徒が自身のよりよい未来や生き方を考える機会とする。
②ヴァーチャルな映像技術が拡大し、感触などの「実感」が乏しくなったと言われる現代の子どもたちへ、自分の「手」の果たす役割やその可能性に気づかせたい。
③さらに後半では、自分の手で感じた心臓の鼓動から、目に見えない自分の「命」の存在を具体的に実感させたい。

にも、そんな計り知れない能力が秘められているということです。

　それだけではありません。その手は、人と人とを結び付ける力があります。誰かと握手をすれば、心が通じて仲良くなることもできます。拍手をすれば、誰かを讃えることもできます。幼いときに、大泣きをしているあなたを優しく抱きしめ、受け止めてくれた手の存在を知っているでしょう。病気で弱っている人の背中を優しくさする癒やしの手、涙するあなたの背中に優しく手を置いてくれた友情の手の存在を知っている人もいるでしょう。

　このように手は、自分以外の誰かを助けることもできるのです。あなたのその手も、そんなふうに優しくてあたたかな手に育ったらいいですね。


　さて、今度は、開いたその手を自分の胸に置いてみましょう。目を閉じて静かに心臓の音を探してください。

　聞こえましたね。一生懸命で力強いこの鼓動こそは、あなたのかけがえのない命の躍動です。手は、そんなあなたの命の存在を教えてくれます。そして、この鼓動を守るのも、他でもないあなたのその手であることにも気づかせてくれます。

　その手も、ずいぶん大きくなりました。あなたはその手でどんな未来をつくり出すのでしょうか。

アイデア・ポイント

①生徒が「命」の存在をどう確かめればよいのかはなかなか難しい。ここでは、「手」に着目し、そこを切り口に構成している。
②自分や友の「命を大切に」と言葉だけで伝えようとしても、なかなか理解は深まらないと感じることはないだろうか。この話は、自分の手が担う重要な役割と目指すべき生き方、動き続ける心臓の鼓動を「具体的な命の姿」として位置づけた。
③後半の心臓の鼓動のくだりは、長期休業前後などあらゆる機会に繰り返し触れることで、いじめや生徒の自死の防止にもつなげたい。

3月③ 歩きながら考える時代に

よりよい未来を思い描き、立てた計画が、想定外の出来事で実行できなくなったとき、私たちはどうすればよいのでしょうか。

この想定外の出来事をあらかじめ予測し、それを計画の中に入れておけば避けられたのかもしれません。しかし、そもそも未来を的確に予測すること自体が難しいことです。それに加えて、現代は「先行き不透明な時代」と言われていて、未来がまったく見えづらい現状です。想定外だらけの未来を計画するということそのものに無理があります。そうなると、思い描いたよりよい未来というものを、ただあきらめるしかないのでしょうか。

そこで今注目されるのが、どんな困難に出合っても、臨機応変に対応できるような力です。どんな状況であっても、柔軟に対応して、とにかくできることからやってみる。やってみて、それをもとに考えて、またやってみる。常に行動が伴い、考えながらよりよいものに近づけていく、そんなやり方です。言わば「歩きながら考える」という方法です。何かをやるときに「まず綿密な計画を立てる」という、「考えてから歩く」ようなこれまでのやり方を見直し、「行動」をまず先にもってきたのものです。

考えてみれば、従来の方法だと、計画を立てている間は、行動は始められません。も

テーマ

予測不能な時代への備えとは

ねらい

①時代に即した思考のあり方とは何なのかを考え、知る機会にする。

②計画づくりには、場合によっては、行動することを阻んだり、遅らせてしまったりする面もあることを知る。

アイデア・ポイント

①これまで重要視されてきた「PDCAサイクルの確立」も、時代の求めによりそれに代わる思考が、生徒たちはもちろん、学校現場においても必要になってきている。

②計画を立てているときは、

ちろん、計画をあきらめても行動は止まります。一番避けたいことは、このように行動できず動けなくなってしまうことです。

また、想定外の出来事によって改めて計画を練り直すとしても、新たな計画ができるまでの間、動くことができません。慎重に計画すればするほど、貴重な時間を浪費してしまいます。

思えば、私たちは、新型コロナウイルス感染症の出現で、これまで描いてきた予定や計画が一瞬にして打ち砕かれるような経験をしました。そんな時代を誰が想定できたでしょう。皆さんも、大好きな友だちに会えなくなったり、会話や行動が制限されたりしました。楽しみにしていたいろいろな行事が中止になったり、内容を縮小したりしなければならなくなりました。

でも、そんな中でも、学びの場を止めることはできません。何もできないと立ち止まっている時間はあなたにはありません。「歩きながら考える」この生き方は、これからの時代をたくましく生き抜くために必要な知恵だと言えます。

実はまだ何も実行（行動）されていない時間でもある。特に、綿密な計画づくりに時間や労力を費やすあまり、求められる行動が遅れ、機を逃してしまうことがある。

③「PDCAサイクル」の確立に代わり注目されている「OODAループ」や「デザイン思考」と呼ばれている手法等を中学生でも分かるよう求める姿を「歩きながら考える」という言葉で説明している。

参考

・山口周著『世界のエリートはなぜ「美意識」を鍛えるのか？』光文社新書、2017年

3月④

「美」はどこにあるのか

「美」って、どこにあるのでしょうか。

「それは美術館にある」そう考えた人もいると思います。

でも、皆さんは、さりげない景色に、思わず「きれいだ」と、心を揺さぶられたことがあるでしょう。花瓶に生けられた花、足下に咲く名も知らない野花、ふとした人の仕草の中に見つける人もいます。見るだけではなく、手などで触れることでその美しさに気づくこともあります。

また、耳を澄ませば、心地よい音楽、鳥のさえずり、海辺の波、ゆらぐ風などの自然の音や、私たちが発する言葉の響きに「美」を感じることだってあります。花の香り、森の香りなど、においでその美しさを感じ取ることもできます。「美味しい」という漢字の通り、味覚にも「美」が宿っています。どうやら「美」は、人間の五感を通じたやりとりの中で出合うもののようです。

一方、人は、同じものでもそれを美しく感じる人と感じない人がいます。

例えば、我々日本人は虫の声に「美」を感じることがありますが、国外では、単にうるさいものと感じる人々が多いという研究結果があるそうです。また、子どもたちの声を、「元気でいいな」と心地よく思う人もいれば、「うるさい!」と、耐えがたい騒音に

テーマ

「美」とは何か

ねらい

①これまで人類が求めてやまない「美」について、考える機会にする。

②「美」が、それぞれがもつ「感性」によって見いだされることを知り、その価値や意義に気づき、生涯求め続けていくきっかけとする。

アイデア・ポイント

①生徒の多くは「美」は高尚なもので、自分には遠い存在なものと思い込んでいることはないだろうか。そうではなく、「美」が身近な存在で、自分自

しか感じないという人もいます。

　どうやら「美」は、その人の「心のありよう」で、受け取り方は大きく変わってしまうもののようです。そう考えると、「美」とは、受け手側の私たちの方に、大きくゆだねられた存在なのではないかという考えが生まれます。「美」は、私たちの外の特別などこかにあるというより、私たちの心の中に生まれてくるものなのかもしれません。

　では、美術館にあるものとはいったいどんなものなのでしょうか。もしかしたら、多くの人々の心の中に「美」の感情を生み出してくれるような何かをもっているのかもしれません。人々の「美」を誘発する「技（わざ）」や「芸」、それを「美術」や「芸術」と呼んでいるのでしょうか。

「美はどこにあるのか」、そもそも「美とは何か」、この問いに多くの芸術家が挑んできました。そして、今も問い続けています。いわば私たち人類がもつ永遠の問いかもしれません。

　さあ、あなたはどう思いますか？　難しくて自分にはちょっと……と思う人もいるかもしれません。でも、「美はあなたの中にある」そう考えると、なんだか身近な感じがします。あなたが「美しい」と感じたものは、あなたがいるからこそ生まれた貴重なものです。どうか、あなたなりの「美」をたくさん見つけてください。


身の中に宿るのではないかという意識をもたせたい。そのことが、生涯を通じてさまざまな「美」を愛好し、求めていく豊かな人生に結びつくような心情を育みたい。

②講話の終盤は、それぞれの生徒が自身の存在が価値あるものであるというメッセージでもある。生徒が自他の生命を尊重し豊かな人生を歩んでいってほしいという思いを込めている。

参考

・角田忠信著『日本語人の脳』言叢社、２０１６年

講話づくりのポイントとは

ネタ集めや配慮することなど講話づくりのポイントを、元東京都公立中学校長の千葉正法先生にお聞きしました。

（構成　学校講話・メッセージ研究会）

◆校長講話が担う役割とは何でしょうか？

新学習指導要領の完全実施や新型コロナへの対応、ＩＣＴ活用の急速な進展等を受けて、学校が担う役割も大きく変化してきています。このような時代だからこそ、子どもたちにとって未来を先導する影響力をもった校長講話が必要です。

校長講話でわかりやすく伝えるためには、準備や労力を要します。しかし、毎回偉人の話や格言を引用するといった話の型をつくってしまうと、聞く側の子どもたちは退屈してしまいます。「なるほど！」と自分事として新しい視点を見つけられたり、「校長先生はそういう人なんだ！」と人柄を感じたり、「○○さん、すごいな！」とほかの子どもへ眼差しを向けることができたりすることも大切です。講話では工夫を凝らして、子どもを認め・励まし・価値づける内容を心がけ、子どもたちの主体性を引き出していけるとよいでしょう。

◆講話のテーマはどうやって決めていますか？

まず、年間行事予定表をもとに、月々のテーマを考えてみることがおすすめです。それを念頭に置いて過ごすことで、つながりのある話題を見つけ出しやすくなります。「今月は○○があるので、頑張りましょう」だけで終わらせずに、「今月は○○がありますが、○○には△△の意味があって…」などと、目標としているものの価値やそこから学んでほしいことなど、付随したところからイメージを膨らませます。そうやって話題をつなげていくと、テーマも話自体もいっそうシャープに仕上げることができます。どんなに忙しいときでも、適当で粗雑な講話は避けなければなりません。

話の流れの中に、その話題の「ビフォー・アフター」「ゴールイメージ」「理想像」などを述べ、めざすべき目標を示すことも欠かせません。学年会の報告や職員会議の話題などから、教職員の気配りや心配り、子どもたちの今の関心事などにも意識を向け、常に新鮮なテーマや話題を切り取っていきましょう。もちろん、時には校長として学校全体に檄を飛ばすことも必要です。その意味で講話のテーマ決めは、校長としての学校経営に対する課題設定の一部と捉えて進めていかなければならないでしょう。

◆講話の内容や伝え方で大切にしていることはありますか？

日々、学校内外を見回っていると、これはぜひ皆に伝えたい、共有しておきたいと思う出来事と、しばしば出会います。それを朝礼等で取り上げ、褒めたり励ましたりすると、学校全体の雰囲気がよくなって、子どもも教師も安心できる空気感が生まれてきます。昨今の情勢の中で、学校内外にさまざまな制限や閉塞感があるような現状では、教育が向かうべき道を示し、やる気をかき立てる話を考えることが重要です。そして、自校の子どもたちから学んでいく姿勢こそ、大切にしていきたいものです。

講話だからといって、学校や教育にまつわる話だけをすればよいわけではありません。基本姿勢として、校長や教師は知ることや学ぶことを積極的に行い、知識を増やすことに喜びを感じてほしいです。そのための方策として、新聞や雑誌、テレビやインターネットなど、多様なメディアの定点観測は欠かせません。さらに、服務上の留意は必要ですが、異業種や異文化との交流の機会なども積極的に活用してみてください。そこでの驚きや発見を教育課程とつなげて考えることで、講話のネタが集まってきます。博識である必要はありませんが、アンテナを常に外に向かって張り巡らせておくと、講話のすそ野が広がり、多様な話をつくることができるでしょう。

◆講話のネタはどんなふうに収集・蓄積していますか？

思いつきやひらめきなどをメモして蓄積させていくことは、講話づくりの最も重要な下準備です。実際に講話に使えるネタとなるかどうかは別ですが、インターネットでキーワードに関わる情報を集めていくことも、下準備のひとつになり得ます。ただし、情報の真偽・意図には十分な配慮が必要です。

また、アプリ等で翻訳や要約もでき、海外の校長がどんな情報を発信しているかもわかります。音声入力を使えば、つぶやいたことを文字に残すことも可能です。昨年や一昨年の今日、どこで何をしていたのかといったことも、動画や画像を保管しておけば、振り返ることは容易になりました。

集めたものをつなげて、取捨選択し、自校の教育課題や健全育成上の課題、社会問題や地球規模の課題との連携を図り、校長として示唆に富む講話をぜひ構築してみてください。

◆講話の際、どのような配慮や工夫をしていますか？

人権上の配慮を欠いた表現、選んだ言葉が伝えたい内容に適しているかといった正誤・美醜・適否における自分の言語感覚の確認は、基本として必要です。さらに、キーワードの強調・視覚化では、ユニバーサルデザインの観点から適切かといった側面も考えていく必要があるでしょう。

さまざまなツールが整った今は、朝礼を行う当日の朝でも、通勤途上でスマートフォンを使って簡単なプレゼン画面や動画などもつくれます。Wi-Fi環境や一人一台のタブレットが実施されてきているなか、校長講話だからといって、話術だけで大丈夫と胡坐をかいていてはなりません。

教員の中には、校長講話を受けて教室でさらに言葉を補い伝えてくれる人もいます。ですから、あらかじめ、その要素を加味しておく必要があります。「後はみんなで決めてほしい」「道徳科の授業で議論してみてほしい」「最も本校に合った方法は何か提案してほしい」などの表現で締めくくり、深掘りを促す講話があってもよいと思います。

◆これからの時代に求められる講話のかたちとは?

この先の時代に必要な講話とは何でしょうか。知識量は月々の書籍代や新聞代、そしてテクノロジーがカバーしてくれます。最も重要なことは、校長という立場で「今、何を伝えたいか」、そして「何を子どもたちや教職員に伝えていかなければならないのか」という自問自答です。そこを自ら掘り下げる必要があります。

かつて指導主事だった際に、担当の学校の朝礼によく足を運びました。なぜなら、先輩から「朝礼を見れば学校全体がわかる」と教えられたからです。実際に朝礼を見ていくと、全校の子どもたち、教頭(副校長)、全教職員、その学校の規律や秩序などが短時間で把握できました。よく働く教職員、初任者の育成状況も見えて、状況をつかみやすかったです。校長が信頼されているかどうかも感じ取れました。やはり、校長が日々何を考え、どんな目標や課題を持ち、どう方針を打ち立て、それをどう伝えているのか、校長講話はそれを端的に表しているといえるでしょう。

だからこそ、自問自答が重要です。それは、バックキャストの発想ともいえます。子どもたちが大人になって活躍する姿を想像したとき、人権や環境の問題、平和を希求する心、協調や協働などはさらに重要さを増していくことがわかります。そうした大きな課題と今の学びを近づけ、ひるむことなくその解決に参加していこうとする子どもの成長を、教師は全力で助けていく。そう考えると、校長として語らずにはおられなくなるに違いないのです。

◇執筆者一覧◇（五十音順）

赤堀美子　東京都江東区立明治小学校統括校長
荒明　聖　宮城県名取市立不二が丘小学校長
安藤篤喜　前静岡県浜松市立都田中学校長
石原一則　前静岡県川根本町立中川根第一小学校長
内野康之　ボストン日本語学校校長／前東京都立川市立第三小学校長
江口恵子　九州女子大学特任教授／元福岡県北九州市立熊西中学校長
大澤　聡　埼玉県上尾市立大石南中学校長
荻野三穂　山梨県甲府市立中道北小学校長
門脇岳彦　島根県安来市立井尻小学校長
川岸敏男　青森県むつ市立関根中学校長
澤田　靖　前新潟県上越市立春日中学校長
設楽正敏　元北海道北広島市立東部小学校長
清水弘美　前東京都八王子市立浅川小学校長
仙北谷仁策　東京都八王子市立椚田小学校長
鷹野　晃　元山梨県北杜市立明野中学校長
千葉正法　元東京都公立中学校長
中森早苗　前三重県名張市立名張中学校長
野村　智　神奈川県川崎市立南野川小学校長
牧野英一　東京都練馬区立開進第二中学校長
三浦清孝　京都府京都市立岩倉北小学校長
山際　博　大阪府池田市立秦野小学校長
吉原　健　東京都北区立王子桜中学校統括校長
和田節子　福島県南相馬市立原町第二中学校長

校長講話 12 ヵ月 ～23 人の校長が贈る 94 のメッセージ

2023 年 2 月 1 日　第 1 刷発行

編集　学校講話・メッセージ研究会
発行人　福山孝弘
発行所　株式会社教育開発研究所
〒113-0033　東京都文京区本郷 2-15-13
TEL03-3815-7041　FAX03-3816-2488
https://www.kyouiku-kaihatu.co.jp
E-mail sales@kyouiku-kaihatu.co.jp
装幀　長沼直子
本文デザイン　shi to fu design
印刷所　中央精版印刷株式会社

ISBN978-4-86560-567-9　C3037